Steffen Koall
Herrliches Haarwachstum
durch Autosuggestion

Steffen Koall

Herrliches Haarwachstum durch Autosuggestion

Erblich bedingter Haarausfall?
Schnee von gestern!

Wieder zu vollster Haarpracht mit der neuen autosuggestiven Selbstinvestition

2. Auflage 2002

R. G. Fischer

Die Deutsche Bibliothek – CIP-Einheitsaufnahme
Ein Titeldatensatz für diese Publikation ist bei
Der Deutschen Bibliothek erhältlich

2. Auflage 2002
© 1998 by R. G. Fischer Verlag
Orber Straße 30, D-60386 Frankfurt/Main
Alle Rechte vorbehalten
Schrift: Palatino 11˙
Herstellung: KN / NL
Printed in Germany
ISBN 3-89501-577-6

Dieses Buch widme ich Emil Coué, dem großartigen Menschenfreund, der meine Schritte lenkte und mich auf den Weg brachte ...

Vorwort

Sie halten ein Buch in Ihren Händen, das weit über die gewohnten Grenzen geht.

Sie halten ein Buch in Ihren Händen, das ungeeignet ist, um es auf nur *eine* Richtung, wie „alternative Heilmethoden, Philosophie, Religion, Psychologie, Hypnose, Spiritismus, Esoterik", festzulegen.

Sie halten ein Buch in Ihren Händen, das am ehesten der gemeinsamen Wurzel der vorher genannten Richtungen nahekommt.

Sie halten ein Buch in Ihren Händen, das Sie zu *innerer Freiheit* führt und vor allem seinem Titel gerecht zu werden vermag.

INHALTSVERZEICHNIS

Einleitung

Dünnes Haar und kahle Stellen auf dem Kopf werden oft als erblich bedingt und unheilbar *abgetan.* Die meisten von Haarrückgang Betroffenen finden sich in der Regel damit ab (oder versuchen dies mit grotesken Mitteln zu kaschieren), weil Sie nie gelernt haben, an andere Möglichkeiten zu *glauben.*

Der Titel dieses Buches hat Sie angesprochen? Gut. Ich möchte Ihnen einen „unglaublich" einfachen Weg erschließen, der Sie zu einer ausgesprochenen Haarpracht führen wird, egal, ob Sie jung oder alt sind, egal, ob Sie nur ein wenig gelichtetes Haar oder bereits eine ausgeprägte Glatzenbildung haben und vollkommen egal, ob es sich dabei um *sogenannten* „erblich bedingten" Haarausfall handelt oder was auch immer...

Sie sagen, so etwas gibt es nicht, so etwas glaube ich nicht! Gut, dann legen Sie das Buch zur Seite oder verbrennen es meinetwegen! Ich sehe Ihnen das (gerne) nach. Schließlich weiß ich ja, daß Sie Vererbung für etwas Unumgängliches halten. Von Geburt an wurde Ihnen ja auch nichts anderes beigebracht. Oder? Dann glauben Sie meinetwegen weiter, daß Glatzen bei Männern *vorprogrammiert* sein müssen.

Oder Sie sagen, warum eigentlich nicht?

Wenn Sie so denken, dann lesen Sie dieses Buch aufmerksam und freuen sich auf Ihre phantastische Haarpracht. Der Weg ist so einfach.

Woher kommt die Lösung für ein seit Menschengedenken aktuelles und bisher nie in den Griff zu bekommendes Thema so plötzlich? Eine berechtigte Frage.

Die Methode der autosuggestiven Selbstinvestition geht hervor aus der sehr erfolgreichen und populären Methode der „bewußten Autosuggestion" nach Emil Coué. Vielleicht schon mal gehört?
Diese Methode hat sich schon tausendfach bewährt und vielen Menschen Heilung gebracht, gerade wo Schulmedizin und Psychiatrie vor großen Rätseln standen.

Unsere Methode für Ihr spezielles Vorhaben, Ihren Haarwuchs zu fördern oder sogar neu zu entfachen, basiert also auf den besten und bewährtesten Erfahrungswerten und ist sozusagen eine spezialisierte und intensivierte Erweiterung oder, wie sagt man heutzutage, das „Update" für ein gutes Basisprogramm.

Wir haben die Methode selbst mehrere Jahre erfolgreich erprobt, und nicht zuletzt die wiedergewonnene volle Haarpracht des Autors gibt Anlaß zu sagen, nichts ist unmöglich. - Oder besser noch: *„Ja, alles ist möglich."*

Es wird auch bei Ihnen möglich sein. Dies herauszufinden, gibt es nur einen Weg.

Einfach machen, was in diesem Buch steht!

Und das ist geradezu „kinderleicht", denn die wichtigsten Kernaussagen werden ganz absichtlich im Verlaufe des Buches mehrere Male wiederholt und vertieft.

Eine Bitte wäre da noch: Lassen Sie sämtliche vorgefertigte Meinungen und Ansichten über dieses Thema außen vor, und schenken Sie mir einfach Ihr Gehör, ohne den Versuch, das Gehörte gleich bewerten zu müssen.

Der letzte Satz war sehr wichtig! O.K.? O.K.

Dann bleibt uns nur noch eins übrig: Rann an den Speck, äh, die Haare natürlich...

1. Teil: „Einfach frei" denken - Die Grundlagen

Gedanken sind Energie

Die einfachsten Lösungen sind immer die besten.
(Die besten Beispiele hierfür liefert uns immer wieder die Natur.)

Sie wollen aus was für einem Grund auch immer Ihr Haarwachstum fördern oder gar wieder neu entfachen?
Sie haben schon vieles ausprobiert? Teure Lotionen, Pillen, Kuren und so weiter?
Es hat alles nichts gebracht. (Außer gutem *Wachstum* der Umsätze für Hersteller und Anbieter.)
Sie tragen sich gar mit dem Gedanken einer Eigenhaartransplantation?

Glaubten Sie wirklich an den Erfolg der ganzen Mittelchen? -
Oder machten Sie halt pro forma mal alles durch, um sich dann am Ende in ihrer Meinung bestätigt zu sehen, gegen Vererbung kann man nun mal nichts machen oder dem einen ist's gegeben und dem anderen, sprich Ihnen, nun mal eben nicht.

Sie denken zwiespältig an eine Eigenhaartransplantation und *glauben* (zu Recht), daß dies auch keine so sichere und lang anhaltende, erfolgversprechende Lösung sein kann?

Ich sage Ihnen: Vergessen Sie die ganze Quacksalberei!!!

(Sparen Sie sich lieber Ihr teures Geld für einen schönen Urlaub oder was Ihr Herz begehrt.)

Die Lösung liegt so „unfaßbar" nahe, nur eine „Haaresbreite", daß die allermeisten Menschen sie übersehen.
Ich habe die Ehre, Ihnen mit diesem Buch einen „Schlüssel" zu überreichen, der Sie zu den schlummernden und ungeahnten Ressourcen führen wird, die *jedem* Menschen gegeben sind.

Hoppla, hoppla, höre ich da nicht schon wieder irgendwelche Zweifel sich regen oder gar: „Ach schon wieder so ´ne Positives-Denken-Geschichte." - Erfüllen Sie mir und hauptsächlich sich selbst meine Bitte aus der Einleitung.

Geht das?

Wie lautet die Überschrift zu diesem Kapitel doch gleich?

Genau - „Gedanken sind Energie".

Freie Gedanken sind demnach *freie Energien* (brachliegende Energien). Es gibt kein Reglement für Ihre Gedanken. Reglementieren können und tun ausschließlich Sie, genauer, Ihr Verstand! Im Verlaufe dieses Buches werden Sie allmählich an die Entwicklung Ihres *Freisinns* (zurück)geführt. Ihr höchstes Gut ist Ihre persönliche Einzigartigkeit, besser, Ihre individuelle *Originalität*. Diese dürfen Sie (wieder) entdecken und voll ausleben. Manches in diesem Buch mag Ihnen auf Anhieb sehr gut gefallen, manches vielleicht weniger. Unter Umständen wird sich Ihr „schlechtes" Gewissen melden, das natürlich nur der getreue Diener alter destruktiver Vorbehalte ist. Lassen Sie sich gerade dann nicht vom zentralen Anliegen abbringen, und gehen Sie mutig weiter.
Am Ende zählt nur das Resultat. Sie brechen ja schließlich keine Rechte, denn folgender Grundsatz wird strikt eingehalten, und gleichzeitig definiert er auch Ihr umfassendes Recht auf persönliche Entwicklung:

„Jedem sei grundsätzlich alles erlaubt, insofern er mit seinem Tun andere nicht beeinträchtigt."

Ihre Gedanken sind frei und werden Sie zu freiem Wachstum führen.
Was aber hat das mit Ihren Haaren zu tun? Nichts, denken Sie.
Es hat aber alles damit zu tun!

Wissen ist nicht verstehen.

Haben Sie den letzten Satz *verstanden*? Dann haben Sie schon die halbe Miete im „Sack" oder, sozusagen, ich glaube, ich sehe schon Ihre ersten neuen Härchen sprießen...

Sie sind verwirrt. Dann sind wir schon auf dem besten Weg zu dem „Urwald" auf Ihrem Kopf.

GLAUBE versetzt Berge, das kennen Sie doch, oder?

Kennen Sie auch schon: *GLAUBE* läßt Haare wachsen?

Stopp! Jetzt ist es zu spät zum Abschalten.

Was ist Glaube? Einigen wir uns mal auf folgende Formulierung:

> *Worte sind Gedanken.*
> *Bilder sind Gedanken.*
> *Empfindungen sind Gedanken.*
> *Worte, Bilder, Empfindungen, also Gedanken,*
> *sind Vorstellungen.*
> *Vorstellungen sind Glaube.*
> *Glaube ist Energie (d i e Energie).*

Diese Energie vermag alles, was war, alles, was ist, und alles, was kommt.

Im Klartext heißt dies: *Alles ist auf Energetik oder meinetwegen auf „Energeist" zurückzuführen und begründet.*

Wissen ist nicht verstehen. Verstehen Sie: Alles ist prinzipiell *energetisch oder „energeistig"* begründet. - Auch so 'ne Kleinigkeit, wie ein paar Proteinketten (Haare) wachsen zu lassen.

Sie haben richtig gehört, *wachsen zu lassen!*

Hierfür benötigen Sie folgende „Zutaten":
A) die Fähigkeit, sich bewußt besagter Energie zu bedienen, und
B) etwas Durchhaltevermögen (gut Ding und gut Haar will Weile haben).

Die Fähigkeit, sich dieser, nennen wir sie *Urenergie,* zu bedienen, werden Sie alsbald haben, wenn Sie nur aufmerksam weiterlesen und verstehen.
Das Durchhaltevermögen ist Ihr Einsatz. - Da wir ja nun schon über die ersten Seiten erfolgreich gekommen sind, traue ich Ihnen dieses zu, und zwar ohne weiteres. Außerdem ist es einfach, denn die *einfachste* Lösung ist nun mal die beste. - Und das Einfachste bleibt.

In der *Einfachheit* der Methode liegt das (große) Geheimnis zum Erfolg.

Erblich bedingter Haarausfall - Schnee von gestern

Diese Überschrift ist eine ganz schöne Provokation, könnten Sie meinen.

Da Sie aber heute sich selbst zuliebe Ihre bisherigen *festgefahrenen Vorstellungen* einfach als solche sein lassen, eröffnen Sie sich somit selbst die Chance, aus der vermeintlichen Provokation eine konstruktive Einstellung zu machen.
„Neue Wege entstehen beim Gehen..." Gehen Sie!

16

Was ist Vererbung?

Letztendlich ist Vererbung ein *Vorschlag* der Mutter Natur. Ein Vorschlag oder anders eine Einrichtung oder auch Einstellung bestimmter Vorgänge und Wachstumsprozesse.
Vorgeschlagen wird in der Regel, was in den Genen „steckt", und das sind meistens Eigenschaften, welche sich bei vorhergehenden Generationen bewährt haben.

Warum sich nun mal besonders bei Männern eine Glatzenbildung besonders bewährt hat, bleibt wohl ein Geheimnis der Natur. Fragen Sie mich was Leichteres! Fakt ist, daß bei den meisten Männern ab Mitte der Zwanziger ein Rückgang des Bewuchses vonstatten geht. Wofür das auch immer gut sein soll.

Während dies geschieht, ist der Vorschlag von Mutter Natur dabei, sich selbst zu bestätigen. Wieder und wieder. Dies geschieht alles unbewußt.

Unterstützt wird dieser Vorschlag der Natur durch das Umfeld des Mannes, bereits von Geburt an. Vielleicht hat der Vater schon lichtes Haar, der Großvater auch und Bekannte und Kollegen des Vaters sowieso.
Sogar der „flotte" Onkel „Herbert" war bereits mit Anfang Zwanzig voll und ganz auf „Haarrückzug" eingestellt.
Haarausfall ist also so, *aber eben auch nur so* betrachtet etwas „ganz Normales"...

Der mit Verstand ausgestattete Mensch folgert ganz selbstverständlich aus solchen Gegebenheiten:
„Tja, ist halt alles Vererbungssache" und findet sich wohl oder übel damit ab (oder auch nicht).
Somit entwickelt sich der genetische Vorschlag, auch und nicht zuletzt dieser sich selbst bewahrheitenden Prophezeiung zum Dank, in eine **Tatsache**.
Somit wurde die Stafette abermals „erfolgreich" weitergereicht.

Geheimratsecken fressen sich weiter und weiter voran, das dritte Knie wird sichtbar etc. etc.

Das muß aber alles nicht so sein!

Glauben Sie mir, man kann (frau auch) die sogenannten ererbten Gene anders „schalten". Ich gehe soweit zu behaupten: „Vererbung ist kein Dogma." Man kann seine Vererbung überwinden. Das braucht vielleicht je nach Fortschritt des Haarrückganges ein wenig Zeit, aber es geht. Es funktioniert!

Ihr Unterbewußtsein

Der menschliche Körper ist bis ins kleinste „Zellchen" durchzogen von einem feinen Nervensystem. Dieses Nervensystem läuft letztendlich im Gehirn zusammen (und damit im Unterbewußtsein). Ihr Gehirn und Nervensystem sind sozusagen das Instrument und Arbeitsmittel Ihres Unterbewußten. Das Gute an diesem Arbeitsmittel ist, daß es sich nicht wie ein rein materielles Instrument abnutzen kann. Ihr Gehirn und Unterbewußtsein besteht aus *lebendigen* Zellen, in denen „kreuz und quer" Energien strömen. Das ist sehr vorteilhaft, weil es sich somit ständig selbst reparieren und erneuern kann. Permanent werden neue Nervenbahnen installiert und andere dafür abgebaut oder anders geschaltet. Das Ganze ist sehr, sehr komplex und bisher noch nicht endgültig aufgedeckt. Eins steht fest, Ihr Unterbewußtes ist kein „starrer" Informationsspeicher und -verarbeiter, sondern ein äußerst *wandelhafter* und wandlungsfähiger. Dieser Fakt ist sehr hilfreich beim Erlernen und Einbringen neuer und bisher unbekannter Ideen und Vorstellungen.

Was geschieht im Gehirn?
Es laufen permanent Gedankenvorgänge ab. Einige bewußte Gedanken, zuallermeist unbewußte Denkvorgänge.

*Dieses **Unbewußte** beeinflußt unser Sein absolut.*

Jetzt kommen wir zum Kern der Methode: Das Unbewußte beherrscht uns als Mensch, wir als Mensch sind dem Unterbewußten aber nicht auf Gedeih und Verderb ausgesetzt, sondern das Unbewußte ist beeinflußbar, es ist lenkbar.

Wenn es uns gelingt, in Ihr Unbewußtes einen Gedanken, eine Vorstellung einzubringen, so drängt diese Vorstellung darauf, sich zu bewahrheiten.

Wichtig zu wissen, das Unbewußte arbeitet neutral, ohne Wertung. Ihr Unbewußtes selektiert nicht. Das Selektieren ist *normalerweise* der Job von Ihrem Verstand. *Unter bestimmten Voraussetzungen kann der Verstand umgangen werden.*

Vollkommen unabhängig, *was es ist*, was einmal im Unbewußten ankommt und dort als Programm seinen Anker setzen kann, wirkt sich auf die eine oder andere Weise auf die Person des Menschen aus.

Mit der Kraft der Vorstellung kann man an und mit den vorgeschlagenen Schaltungen der Gene arbeiten und neue Schaltpläne einbringen und die alten ersetzen oder optimieren. Dies hängt von der potentiellen Stärke der angewandten Energie, der *Vorstellungskraft,* ab. Fälschlich wird diese Kraft auch oft mit der *Willenskraft* gleichgesetzt. Das ist nur dann richtig, wenn die Willenskraft ein Teil der Vorstellung ist. Ist der Wille der Vorstellung entgegengesetzt, dann wird immer die Vorstellung sich durchsetzen. Vergessen Sie also schon mal jetzt Ihren „starken" Willen, wenigstens Ihren Haaren zuliebe.
Je schneller Sie diese *Gesetzmäßigkeit* akzeptieren, um so leichter werden Sie mit den entsprechenden Anwendungen Ihr Unbewußtes Ihren Vorstellungen gemäß ändern oder besser neu „einstellen" können.
Mehr als vereinfacht dargestellt, gleicht Ihr Unterbewußtes einem „Fernseher". Es wird immer der Sender, immer das Pro-

gramm laufen, das Sie gewählt haben. Das heißt allerdings nicht, daß die anderen Programme nicht mehr da wären. Nur ist Ihr „eingestelltes" Programm das dominante Programm im Vordergrund, und alle anderen Programme gibt es zwar, aber sie sind ohne Bedeutung.

Es geht also grundsätzlich im Unterbewußten nichts verloren.

Jeder Satz, jedes Wort, jeder Gedanke, jede Vorstellung, jede Emotion, jede Begebenheit und jede Sinneswahrnehmung werden aufgrund des bisherigen Empfangs vom Verstand mehr oder weniger selektiert und dann im Unterbewußten nach einem bestimmten System abgespeichert.

Dies ist Ihr persönlicher **Erfahrungsschatz.**

Das meiste wird so gut abgespeichert, daß diese Daten sehr tief, fast „unerreichbar nahe" vergraben sind. - Aber auch wenn Sie noch so tief vergraben sind, sie sind nie verloren. Unabhängig davon, ob es sich um positive oder negative Informationen handelt. Sie entscheiden in jedem Moment Ihres Daseins, selten bewußt, fast immer nicht bewußt, auf welche Erfahrungsprogramme Sie zurückgreifen und mit welchen Sie neue Aufgaben abgleichen und dann angehen. In der Regel greift das Unterbewußte immer auf die bewährten Programme, also die Programme, die sich schon immer angewendet haben, zurück. Leider sind dies nicht immer die optimalen Programme, die es gäbe. Hier kann man dem Unterbewußten aber keine Vorwürfe machen, woher soll es Ihr Unterbewußtes denn auch wissen? Greift es doch immer wieder nur auf sich selbst zurück.

Jetzt verstehen Sie vielleicht besser, warum, wenn Sie etwas völlig Neues hören, warum Sie es dann spontan von „innen" heraus eher ablehnen oder befürworten, warum Sie es *glauben* oder auch nicht.

Um noch einmal auf unseren „Fernseher" zurückzukommen - das dominanteste Programm ist immer das mit der höchsten Einschaltquote, aber wer will Sie daran hindern, ein anderes Programm zu „drücken". Sie können immer *bewußt* wählen, welches Programm Sie zu ihrem dominanten Programm machen, Sie brauchen es nur „aufzurufen". Oder gehören Sie zu den Fernsehzuschauern, die sich „gedankenlos" *irgend etwas* anschauen, nur weil es gerade läuft oder Sie andere bestimmen lassen, was geschaut wird?

Nur weil Sie selbst und der Rest der Welt es vielleicht für unmöglich halten, Haarwachstum aus einer inneren Einstellung heraus zu fördern, haben Sie dennoch die Möglichkeit, zuerst Ihr Unterbewußtes, dann sich selbst und dann vielleicht auch noch den Rest der Welt (wenigstens einen Teil davon) vom Gegenteil zu überzeugen!
Diese Möglichkeit besteht immer. Die Möglichkeit war schon immer da und wird immer da sein, egal, ob sie erkannt, anerkannt, angenommen wird oder nicht.
Sie brauchen „nur" für die *bewußte* Anwendung der autosuggestiven Selbstinvestition zu optieren und entscheiden sich damit automatisch für volles Haarwachstum (und weiteres), während alles andere mehr und mehr an Einfluß verliert.

Im 2. Teil werden Sie die hochwirksamsten Formeln kennen - und anwenden lernen, so daß Ihrem Haarwuchs nichts mehr im Wege steht.

Es ist wirklich einfach. - Denn die beste Lösung ist immer die... Sie wissen schon.

2.Teil: Die autosuggestiven Selbstinvestitionen für immer dichteren, volleren und schnelleren Haarwuchs

Alles ist einfach. Warum dann so eine gewaltige Bezeichnung: „autosuggestive Selbstinvestition"??? Warum nicht einfach „Übung"?

Ich lehne den Begriff „Übung" zumindest in diesem Zusammenhang ab. Für gewöhnlich verbinden die Menschen mit diesem Begriff zu viel Mühsal und Anstrengung. Es sind in der Regel auch Tausende von unangenehmen Erfahrungen im Unterbewußten großenteils auch schon aus der Kindheit fest verankert und würden unsere Methode negativ überschatten.

Also, wenn Sie einverstanden sind, anstatt zu üben, *„investieren* wir in uns selbst".
Ich glaube, das ist wohl das Optimalste, was Sie sich selbst an Gutem tun können.
Außerdem haben mühselige Übungen immer etwas mit „wollen" oder dem „Willen" zu tun – und der scheidet wie gesagt bei unserer Methode völlig aus...

Alles - bloß nicht wollen

Die Selbstinvestitionen sind in Formeln gefaßt und ohne weiteres anwendbar. Sie muten nahezu kinderleicht an, und das ist ja auch das Verblüffende daran. Sie wissen und verstehen ja mittlerweile: *„Die einfachsten Lösungen sind immer die besten."*

Um ihrem Haarwuchs wieder neuen „Trieb" zu geben, brauchen Sie nur konsequent, aber ohne jegliche Anstrengung diese Formeln anzuwenden.
Setzen Sie sich dabei bitte **nicht** unter Erfolgszwang, sondern lassen Sie Ihr Unterbewußtes einfach machen. Ihr Unterbewuß-

tes weiß nämlich ganz genau, was zu tun ist, was es für Anweisungen an die verschiedensten Organe und Drüsen zu geben hat, um die Autosuggestionen (Anweisungen) umzusetzen.

Forschen Sie auch nicht nach den möglichen Ursachen und Zusammenhängen, denn diese Sachen sind nicht analysierbar und haben so absolut gar nichts mit dem Verstand zu tun.
Machen Sie einfach konsequent Ihre Selbstinvestitionen mit Hilfe der Formeln, und freuen Sie sich über die sichtbar werdenden Erfolge. Wichtig: „Lauern" Sie nicht auf den Erfolg!!! (So wie jener Bauer, der täglich x-mal auf seinen Acker ging und an den Halmen zog und dabei alle seine Sprößlinge niedertrampelte.)
Nochmals: Bringen Sie keinesfalls Ihren Willen ins (Haarwuchs-)Spiel!!!
Dieser „verflixte" Wille ist die einzige mögliche „Gefahr" für Ihren Erfolg.
Denn immer wenn sie etwas (Außergewöhnliches) wollen, besteht die größte Gefahr, daß Sie zwar sagen:

„Ich will", aber Ihr Unterbewußtes antwortet: *„Du willst, aber Du kannst nicht."*

Sicher haben Sie in Ihrem Leben auch schon die Erfahrung gemacht, daß Sie etwas unbedingt wollten und es nicht erreichten. Und als Sie aufhörten, *krampfhaft* zu wollen, fiel es Ihnen fast von selber in den Schoß.
Wille ist Krampf, und Verkrampfung führt jedenfalls nicht anhaltend zum Erfolg, und darum geht es ja.

„Geraten Willenskraft und Vorstellungskraft in Interessenkonflikt, dann obliegt ausnahmslos die Vorstellungskraft über den Willen!"

Diese G e s e t z m ä ß i g k e i t definierte Emil Coué, der Begründer der klassischen Autosuggestion, auch „Couéismus" genannt (siehe Literaturverzeichnis).

Darum „tricksen" Sie doch ein wenig. Tip:
Machen Sie doch einfach in Gedanken aus Ihrem Willen einen
Wunsch, besser noch eine Wunsch v o r s t e l l u n g. So können
Sie Ihren Willen in eine konstruktive Energie transformieren,
die dann für Sie und nicht gegen Sie arbeitet!

Im folgenden Kapitel kommen wir nun zu dem Kernstück des
Buches (nicht zu verwechseln mit der Quintessenz), den *Formeln* für Ihre Selbstinvestitionen.
Eins sei dazu gesagt, wieviel Sie in sich selbst investieren werden, hängt alleine von Ihnen ab. Bauen Sie nicht auf mich, sondern einzig auf sich selbst. In Ihnen allein liegen die Energien,
die Sie zur vollsten Haarpracht führen werden.
Mein Job ist es lediglich, Ihnen zu zeigen, wie Sie sich dieser
(Ihrer) Energien „bedienen" können.

Die Einfachheit der Methode erlaubt es jedem Menschen, egal
welchen Bildungsstandes oder welcher Herkunft, diese Methode erfolgreich anzuwenden. Das Schöne daran ist, daß dies auch
und gerade in unserer westlichen Welt ohne großen Zeitaufwand
und ohne finanziellen Einsatz alles möglich ist.
Sie müssen nicht erst ewig auf „Selbsterfahrung" nach Fernost
oder ins Kloster oder wohin auch immer, und der Erfolg ist nicht
abhängig von anderen Personen, die nur für Ihr Geld diverse
„Offenbarungen" für Sie bereithalten...
Aber nun möchte ich Sie nicht mehr länger auf die Folter spannen -

Die autosuggestiven Haarwuchsformeln

Die Basisformel

Sagen Sie e t w a   zehnmal folgende Formel:

Ich glaube, alles ist einfach.

Wichtig dabei ist, daß Sie dies absolut ohne Anstrengung tun und so schnell wie möglich, pausenlos, sozusagen wie eine Litanei. Verzichten Sie auf jegliche „Theatralik", sondern sprechen Sie die Formel etwa zehnmal ohne Willen und Nachdruck, mit ganz leichter Betonung auf „alles", aus. Nur so findet die Formel den Weg zum Unterbewußten, und nur so wird sie wirken.

Sagen Sie dann etwa eine Minute rasend schnell und ohne Betonung:
Ich glaube, glaube, glaube, glaube, glaube, glaube, glaube, glaube, glaube, glaube, glaube, glaube, glaubeglaubeglaube-glaubeglaubeglaubeglaubeglaube...
glaube, glaube, glaube, glaube, glaube, alles ist einfach.

Sie können dabei die Augen schließen (müssen aber nicht) und sollten sich weitgehend freimachen von inneren Gedanken. Sie werden natürlich immer etwas denken, aber konzentrieren Sie sich einfach nicht auf die Gedanken, lassen Sie diese einfach vorbeiziehen. Und bitte eins: Bewerten Sie nichts!!! Nehmen Sie einfach nur wahr. Atmen Sie dabei die ganze Zeit gleichmäßig ein und aus.

Die Spezialformel für immer prächtigeren Haarwuchs

Es steht bei allen Formeln immer das Wörtchen e t w a   vor den Angaben zur Häufigkeit des „Vor-sich-her-Sagens" der Formeln. Also beispielsweise: e t w a   zehnmal...
Betrachten Sie die Mengenangaben als Vorschlag, keinesfalls als

ein zwingendes Muß. Sie sind hier nicht beim Militär, wo Sie ganz exakt Ihre Befehle exerzieren müssen! Also wirklich nicht. Es handelt sich um einen Anhaltspunkt. Nicht mehr und nicht weniger. Es spielt in Wahrheit keine Rolle, ob Sie die Formeln nun genau zehnmal sprechen oder bloß sechs-, neun- oder gar fünfzehn-, fünfzig-, hundert- oder meinetwegen auch tausendmal. Wichtig ist nur eins, **daß** Sie die Formeln sprechen, ganz ohne Krampf und Zwang. Mit der Zeit werden Sie herausfinden, wieviel speziell Ihnen guttut.

Wenn Sie einige Zeit mit der Basisformel gearbeitet haben und vielleicht schon die ersten Veränderungen an sich bemerken (beispielsweise neue Einstellungen zu bestimmten Dingen oder wiedergewonnene Unbefangenheit), dann kommen Ihre Haare an die „Reihe".

Sprechen Sie zuerst die Basisformel, und sagen Sie erst dann e t w a zehnmal folgende Formel ohne irgendeine Willensanstrengung und ohne Zielzwang:

Ich glaube, daß meine Kopfhaare einfach immer prächtiger wachsen.

Das Anwendungsprinzip der Formeln ist immer wieder gleich. Das heißt, die Formeln sollten immer so schnell wie möglich ausgesprochen werden, dennoch gut verständlich, nur so können Sie Ihren selektierenden Verstand überbrücken und direkten Zugang zu Ihrem Unterbewußten finden.
Das ist eine tausendfach bewiesene Gesetzmäßigkeit! So funktioniert das eben mal. Verstehen Sie?

Sagen Sie dann etwa wieder eine Minute lang, ohne zu verkrampfen und ohne den Atem anzuhalten(!):

Ich glaube, daß meine Kopfhaare einfach immer prächtiger wachsen, wachsen, wachsen, wachsen, wachsen, wachsen, wachsen, wachsen, wachsen, wachsen, wachsenwachsenwachsen-

wachsenwachsenwachsenwachsenwachsenwachsen...
Ich glaube, daß meine Kopfhaare einfach immer prächtiger wachsen.

Für einen optimalen „Wirkungsgrad" der Formeln beachten Sie bitte diese „Erfolgsweisen":
Die richtige Anwendung der Formeln wie beschrieben ist das „A". Das „O" ist die *häufige Wiederholung über längere Zeiträume*. Und, bauen Sie einfach erst gar keine „Erwartungshaltung" auf, sondern wenden Sie die Formeln einfach nur in besagter Weise über mehrere Wochen und Monate an, und der Erfolg ist Ihnen gewiß.

Zumindest anfänglich sollten Sie das Selbstinvestitionsprogramm, sprich die Formeln e t w a *sechs-* bis *zehnmal* täglich anwenden. Dazu bieten sich sicherlich immer Gelegenheiten. Es kommt gerade in der Anfangsphase sehr darauf an, daß Sie Ihr Unterbewußtes sehr häufig mit den neuen Vorgaben in Kontakt bringen. Also deshalb ist es besser, Sie sagen sich die Formeln e t w a zehnmal über den Tag verteilt kürzer vor, als beispielsweise nur zwei-, dreimal, dafür aber „so richtig" lange.

Setzen Sie sich doch (wenn möglich) als konstruktives Ziel, daß Sie sich in der Anfangsphase (ca. sechs Wochen) tagsüber alle zwei Stunden Ihre Formeln vorsagen oder wenigstens daran denken und natürlich vorm Einschlafen und nach dem Erwachen. Hilfreich dabei könnte eine simple Uhr mit eingebautem Stundenwecker sein, die Sie für ein paar Mark in jedem Kaufhaus erwerben können. Sie können diese ja in der Hosentasche plazieren und den Wecker so einstellen, daß er jede volle Stunde einmal piepst und Sie somit an Ihre Selbstinvestitionen erinnert werden. Nach ein paar Wochen, oder vielleicht auch gleich, werden Ihnen die Formeln sowieso zu einem „Grundbedürfnis", und Sie brauchen keine technischen Hilfsmittel mehr.

Wenn Sie vielleicht manchmal die Formeln umweltbedingt nicht laut aussprechen können, dann denken Sie sich diese einfach in gleicher Vorgehensweise! Das sollte aber nicht immer der Fall sein.

Ganz wichtig ist die Anwendung der Formeln besonders abends vorm Einschlafen oder während des Einschlafens. Ebenso direkt nach dem Aufwachen. *Hier sollten die Anwendungen unbedingt zur Gewohnheit (obligatorisch) werden,* weil hier der Zugang zum Unterbewußten am leichtesten ist. Also achten Sie bitte darauf, „trainieren" Sie sich die Anwendung zu diesen Zeitpunkten an (automatisieren Sie hier)!

Weitere sehr günstige Gelegenheiten bieten sich unter anderen:
• beim Autofahren - während des Fahrens auf längeren Strekken, im Stau, an der Ampel etc. etc.
• im Badezimmer - beim Baden, beim Duschen, beim Zähneputzen, beim Entleeren, natürlich bei der Haarwäsche(!)
• im Haushalt - beim Abwaschen, beim Staubsaugen, beim Fensterputzen, beim Autowaschen etc. etc.
• in der Arbeit - in der Pause, während längerer, vielleicht monotoner Routinearbeiten.

Sie sehen, ein faules Herausreden nach dem Motto: „Ich habe keine Zeit und Gelegenheit" gilt nicht! Einverstanden?

Übrigens, ein gelegentliches Stimulieren der Kopfhaut an den gewünschten Partien unterstützt ihre autosuggestiven Selbstinvestitionen. Beugen Sie sich hierzu soweit wie möglich nach vorne runter. Wippen Sie leicht (wie bejahend) aus dem Rükken auf und ab. Massieren Sie die entsprechenden Stellen *ganz, ganz sanft.* Sprechen Sie parallel dazu rasend schnell die „Wachsen-wachsen-wachsen-Formel".
Bauen Sie dies ein- oder zweimal täglich in Ihr Selbstinvestitionsprogramm fest mit ein. (beispielsweise sehr günstige Gelegenheiten dafür bieten sich bei der Morgen- und Abendtoilette). Das ist zwar kein Muß und kein Zwang, aber es ist wirklich

eine sehr wirkungsvolle Verstärkung Ihrer Selbstinvestitionen, und nichts spricht gegen einen Synergieeffekt. Verstehen Sie?

Sollten Sie vielleicht mal keine so richtige Lust zum Vorsprechen Ihrer Haarwuchsformeln haben, also „keinen Bock" auf die Selbstinvestitionen, dann wäre das Verkehrteste, was Sie tun könnten, sich dazu zu zwingen. Dann bestünde sogar die Gefahr, daß Sie das Gegenteil erreichen. Sagen Sie sich dann einfach: „Ich werde es später (mit Freude) nachholen..." Mit dieser Einstellung können Sie nur gewinnen. Eins ist natürlich klar, nur wer was auf sein „Haarwuchskonto" einzahlt, kann auch später die „Zinsen" abräumen. Alles klar?

Also, allzeit gutes Gelingen, daß Ihr Friseur schon bald mehr und mehr Arbeit an Ihnen hat.

Anmerkung:
Wem es aus irgendwelchen Gründen, beispielsweise religiösen Einstellungen, w i d e r s t r e b t, bei seinen Selbstinvestitionen das Wort „glauben" zu verwenden, der kann und darf es natürlich austauschen. Vorschlagsweise in: „Ich d e n k e, d e n k e, d e n k e..." Meine Feststellung ist halt die, daß „glauben" tiefenwirksamer ins Unterbewußte eindringt und dort breitflächiger verankert ist. Resultat ist natürlich damit ein schnelleres Wirken.

Autosuggestive Ansprache für herrlichstes Haarwachstum

Diese Form der autosuggestiven Selbstinvestition ist eine hervorragende Unterstützung für die vorher kennengelernten Formeln.

Die vorgestellten Basis- und Spezialformeln bilden die Grundlage unserer Methode, sie sind somit ein konstruktives „Muß".

Die folgende Ansprache hingegen soll nicht als Dogma beziehungsweise als „Pflicht" verstanden werden!

Sie unterscheidet sich auch in Anwendung und Wirkungsweise deutlich von den Formeln. Die Ansprache wird *gelegentlich* leise oder laut abgelesen oder auch einfach nur gedacht. Gelegentlich heißt, Sie brauchen sie nicht so konsequent und permanent anwenden, wie das bei den Formeln der Fall ist. - Im Gegenteil, nur ab und an.

Die Ansprache ist von expansiver Natur.

Das bedeutet, sie soll Ihre vorhandenen Selbstinvestitionen fördern und liberalisieren.

Sie autosuggestive Ansprache setzt sich ganz *bedächtig* und *allmählich* durch.

Während Sie mit Ihren Formeln zur Selbstinvestition durchaus spontane Wandlungen (Erfolge) haben können, dringt die autosuggestive Ansprache viel langsamer in Ihr Unterbewußtes. Ist Sie einmal im Unterbewußten auf fruchtbaren Boden gefallen, dann bildet die Ansprache in Symbiose mit den autosuggestiven Formeln ein so gut wie nie mehr zu stürzendes System innerster Überzeugung. Das heißt, Ihr Haarwuchs ist Ihnen alle Zeit sicher.
Sie können die Ansprache auch ab und an mal aufschreiben (komplett oder auszugsweise). Auch dies ist ein Wahrnehmungskanal des Unterbewußten. Genauso können Sie die Ansprachen zu Ihren Lieblingsmelodien mitsingen, auch hier werden „schöpferische" Energien freigesetzt. Bringen Sie beim Anwenden einfach etwas leidenschaftlichen Ausdruck mit in die Worte und Sätze. Natürlich nicht ganz so wie in der „Oper".

Also wie gesagt, am Anfang Ihrer Selbstinvestitionen genießen die Formeln absolute Priorität. Nach ein paar Wochen, wenn Sie dann die Quantität der Formeln „herunterfahren", können Sie dann auch ab und zu eine autosuggestive Ansprache anwenden. Aber, nur nichts überstürzen. Auch Rom wurde nicht an einem Tag erbaut.

Autosuggestive Ansprache für allzeit prächtigen Haarwuchs

Was immer ich tue, was immer ich fühle, was immer ich denke, alles das wirkt sich ab sofort und jederzeit äußerst förderlich auf mein Haarwachstum aus.
Ich bleibe gelassen, alle das Haarwachstum hemmenden Anlagen sind ganzheitlich am Verblassen, und meine Kopfhaare sind immer voller am Wachsen, Wachsen, Wachsen...
Solange ich lebe, solange ich atme, solange ich fühle - solange wachsen meine Kopfhaare in Hülle und Fülle.
Jeden meiner Atemzüge verknüpft mein Unterbewußtes ab sofort und jederzeit mit stärksten Wachstumsimpulsen für meine Kopfhaare. - Atemzug um Atemzug.
Auch wenn es manchmal etwas anders erscheint, ist absolut gewiß, daß es in Wahrheit nur **eins** für mich gibt - vollstes Haarwachstum.
Ich gehe Schritt für Schritt, und meine Kopfhaare wachsen mit.
Du, *Ihr Vorname & Zuname*, Du gehst Schritt für Schritt, und Deine Kopfhaare wachsen mit.
Ihr Vorname & Zuname, auch wenn es manchmal etwas anders erscheint, ist es absolut gewiß, daß es in Wahrheit nur **eins** für Dich gibt - vollstes Haarwachstum.
Ihr Vorname & Zuname, jeden Deiner Atemzüge verknüpft Dein Unterbewußtes ab sofort und jederzeit mit stärksten Wachstumsimpulsen für Deine Kopfhaare. - Atemzug für Atemzug.
Ihr Vorname & Zuname, solange Du lebst, solange Du atmest, solange Du fühlst - solange wachsen Deine Kopfhaare in Hülle und Fülle.
Ihr Vorname & Zuname, Du bleibst gelassen, alle das Haarwachstum hemmenden Anlagen sind ganzheitlich am Verblassen, und Deine Kopfhaare sind immer voller am Wachsen, Wachsen, Wachsen...
Ihr Vorname & Zuname, was immer Du tust, was immer Du fühlst, was immer Du denkst, alles das wirkt sich ab sofort und jederzeit äußerst förderlich auf Dein Haarwachstum aus.

Interview zur Methode der autosuggestiven Selbstinvestition

Anschließend folgt ein bunter Cocktail verschiedenster Fragen rund ums Haar. Es werden hier die interessantesten und wichtigsten Themenbereiche angesprochen. Natürlich erheben die Ausführungen keinen Anspruch auf Vollständigkeit oder gar „Wissenschaftlichkeit". Das können sie zum einem nicht, weil das Leben und die Gedankenwelt hierfür viel zu *komplex* sind. Zum anderen wäre es auch nicht im Sinne des Buches, denn hauptsächlich geht es ja um die Methode der autosuggestiven Selbstinvestition speziell für Ihren Haarwuchs.

In diesem Sinne treiben Sie sich selbst zuliebe bitte keine „Haarspaltereien". Es ist sinnlos, den Anfängen und Ursachen Ihres Haarausfalls beziehungsweise Haarrückgangs mit endlosen Analysen auf den Grund gehen zu wollen.
Seien Sie versichert, es gibt einen guten Weg, daß Sie wieder zu voller Haarpracht gelangen, egal, warum das auch augenblicklich nicht so sein sollte. Vollkommen egal.
Sie verplempern lediglich Ihre Energie und Ihre kostbare Lebenszeit und werden doch nie alles restlos aufklären können.

Wenden Sie deshalb ab sofort und konsequent die Methode der autosuggestiven Selbstinvestition an, und bringen Sie somit alle Ursachen für den momentanen Zustand zum Verschwinden. Und diese Ursachen werden verschwinden! Wozu aber müssen Sie diese dann unbedingt kennenlernen?

Niemand will Sie „entmündigen". Natürlich ist Fragen erlaubt. Fragen sind Triebkräfte allumfassender Entwicklung. Nur, alle Fragen können nicht beantwortet werden, dazu müßten Sie erst mal alle Fragen kennen und zum andern mindestens „X-Trillionen" Jahre leben und selbst dann... - Schon der Philosoph „Seneca" verstand:
„Was Du für den Gipfel hältst, ist nur eine Stufe."
Verstehen Sie, grübeln Sie auch nicht, wenn Ihnen Ihre sich wie-

der mehrende Haarpracht auch noch so viele Rätsel aufgibt. Nehmen Sie das Geschenk e i n f a c h mit Dank an, ohne fragen zu müssen, was es wohl „gekostet" hat...
Freuen Sie sich über Ihr schönes Haar, und denken Sie sich, und das hat nichts mit Arroganz zu tun: „Im Schönen liegt viel Sinn."

Wenn Sie sich dem anschließen können, dann sprechen sie einfach Ihre Formeln, und Sie werden sehen...

„Haarige" Fragen - „Haargenaue" Antworten

Helfen die Formeln auch bei extremer Glatzenbildung?

Generell ja. Es ist natürlich so, daß Glatzen über längere Zeiträume entstehen. Das bedeutet natürlich, da ja nie eine andere Botschaft das Unterbewußte erreicht hat als „Das ist halt nun mal so", daß das Unterbewußte (fast) vollständig darauf eingestellt ist. *Eingestellt* im wahrsten Sinne des Wortes wohlgemerkt. Dennoch ist es auch hier nicht zu spät, mit unserer Methode ganz allmählich und ganz sanft das Unterbewußte auf unsere Wunschvorstellung einzustellen.
Dies ist natürlich ein großartiges Unterfangen! Ich glaube, es funktioniert noch besser, wenn Sie p a r a l l e l zu Ihren Formeln folgende Real-Visualisierung anwenden:

Nehmen Sie ein kleines, rundes Blumentöpfchen. Füllen Sie dieses mit Erde. Säen Sie eine schnellkeimende Saat, beispielsweise Kressesamen, Senfkörner, Zierrasen etc.
Stellen Sie nun das Töpfchen an einen geeigneten Ort, an welchem auch Sie sich möglichst oft aufhalten.
Nein, nein, Sie müssen jetzt nicht unter die „Hobbygärtner" gehen!
Stellen Sie einfach eine *„innere Verbindung"* mit den Samen in der Erde und Ihrem Haupt und den zukünftigen Haaren her. Die Erdoberfläche stellt sozusagen Ihre Kopfhaut dar, und der

Samen symbolisiert die gewünschten Haarzwiebeln. Dämmert's?

Bauen Sie sozusagen zu dem aufgehenden Samen eine *„Liebesbeziehung"* auf, und denken Sie einfach beim Betrachten:

„O welch ein Wunder der Natur. Wie doch diese Halme sprießen und wachsen und voller Lebenskraft stecken. Ich glaube das dies mit meinen Haaren genauso möglich ist."

Streichen Sie dabei mit einer Hand über den dichten Wuchs im Töpfchen und mit der anderen Hand über die entsprechenden Stellen auf dem Haupt.

Lieben und pflegen Sie Ihr Töpfchen, so wie Sie Ihre Haare lieben würden und werden. Und Sie werden sehen: *heute noch im Töpfchen - morgen schon auf dem Köpfchen.*

Diese lustige Geschichte ist keineswegs lächerlich. Sie stellt einen Bezug zur Mutter Natur her und kann Ihrem Unterbewußten durch ihre A n a l o g i e den gewissen Anstoß (Kick) geben. Außerdem müssen Sie ja nicht allen anderen unbedingt die Bedeutung Ihres Haarwuchs-Töpfchens auf die Nase binden...

Bei den Visualisierungen ist natürlich immer Ihre eigene Phantasie gefragt. Experimentieren Sie *einfach*!

Und natürlich wenden Sie immer parallel dazu die gelernten Formeln kontinuierlich an.

Für weniger Phantasievolle habe ich natürlich noch eine Anregung in petto:

Schneiden Sie aus einer Illustrierten einen „gutbehaarten Kopf", der Ihrem Idealbild und Ihrem Haartyp sehr nahekommt aus. Schneiden Sie dann aus diesem Bild das fremde Gesicht aus, und setzen Sie Ihr eigenes von einem Foto dafür ein. Stellen Sie diese Fotomontage beispielsweise auf Ihren Nachttisch, und machen Sie damit ähnliche Real-Visualisierungen wie im vorhergehenden Beispiel. Wenden Sie dabei immer konsequent und ohne Anstrengung die gelernten Formeln der autosuggestiven Selbstinvestition an.

Und noch eine Anregung:
Immer wenn Ihnen Leute mit sehr schönen Haaren auffallen,
sagen Sie oder denken Sie sich einfach folgendes:

*„Ich glaube daß meine Haare mindestens genauso prächtig wach-
sen, wachsen, wachsen... Ich habe genauso schönes Haar..."*

Wie gesagt, lassen Sie sich etwas einfallen. Alles ist erlaubt. *Die
Gedanken sind frei!*

Wie wäre es noch mit einem „Ritual"?
Wenn Sie sich nicht davor scheuen, machen Sie sich doch folgendes Ritual zu eigen:
Gehen Sie sanft mit gespreizten Fingern durch Ihre Haare. Denken Sie dabei an die Ihnen innewohnende Lebensenergie, und
stellen Sie sich diese vor Ihrem „inneren Auge" vor. Wenn Sie
durch Ihre Haare streichen, werden dann und wann ausgegan-
gene Haare zwischen Ihren Fingern hängen. Denken Sie weiter
an die „universelle" Lebensenergie, und rollen Sie dabei aus den
ausgegangenen Haaren ein Kügelchen. Führen Sie dieses Kügelchen mit „Liebe" zum Mund, und kauen Sie voll Hingabe
darauf herum. Denken oder sagen Sie sich dabei folgende Formel:
*„Liebes Unterbewußtes, hier zeige ich Dir, wovon Du mir immer mehr
schenkst. Ich danke Dir für immer prachtvolleren Haarwuchs."*
Sie können dem Ritual die Krone aufsetzen, indem Sie nach einiger Zeit das Kügelchen schlucken und dabei zu sich sagen:
*„Gut, nun werden meine Haare wieder eins mit meinem Körper und
entfachen somit gigantischen Haarwuchs. Ich freue mich..."*
Ich gebe zu, daß dieses Ritual nicht jedermanns Sache sein wird,
aber das muß es auch nicht. Es ist auf jeden Fall eine „höhere"
Form der Autosuggestion, wie man sie beispielsweise aus der
Kirche (Oblaten als Symbol für Korpus Christi) kennt.

Brauche ich wirklich nur meine Selbstinvestitionen mit den gelernten autosuggestiven Formeln zu leisten, um einen beständigen und fülligen Haarwuchs zu haben?

Ja! Wichtig ist die permanente, absolut willenlose Anwendung der Formeln sozusagen als „Lebensaufgabe".

Kann ich meinen Haarwuchs durch spezielle Mittel oder Medikamente unterstützen?

Wenn es sich um „erblich bedingten" Haarrückgang handelt, nicht. Bei ernährungsbedingten Mangelerscheinungen kann es teilweise Sinn machen. Eine kurative Einnahme von „Zink" als Nahrungsergänzung kann zumindest nicht schaden. Zink kommt in der Nahrung oft zuwenig vor, und die Wissenschaft schreibt diesem Spurenelement eine wichtige Rolle im Zusammenhang mit gesundem Haarwachstum, gesunder Haut, gesunden Nägeln und dem Immunsystem zu. Sie sollten die Einnahme allerdings nicht zu hoch dosieren (Überzinkung des Körpers!) und nach drei bis sechs Monaten wieder einige Monate pausieren (wegen Gewöhnungsgefahr des Körpers).

Wie sollte ich meine Haare pflegen?

Das bleibt alleine Ihnen überlassen. Jeder Haartyp ist anders, und sicher haben Sie Ihre individuellen Erfahrungen mit der Haarpflege gemacht.
Nur eins sollten sie „behaarigen": „Überpflegen" Sie Ihre Haare nicht. Zu häufiges Waschen laugt die Kopfhaut aus. Dies ist sehr negativ für die empfindlichen Haarfollikel (Haarzwiebeln). Darum, wie so oft im Leben, „weniger ist oft mehr". Lieber die besten Pflegeprodukte selten benutzen als irgendwelche Produkte zu oft.

Hat die Haarlänge Einfluß auf das Nachwachsen?

Der Volksmund sagt: wer seine Haare immer schön kurz schneidet und kurz hält, dem wachsen sie schneller und stärker nach. Tun Sie das, wenn sie daran *glauben* - denn dann ist es auch so. Verstehen Sie? Andernfalls hat die Länge der Haare keinen Einfluß auf Haarbestand, Haarwachstum oder Neubildung.

Ist es normal, daß mir zeitweilig mehr oder weniger Haare ausgehen?

Das ist überhaupt kein Grund zur Besorgnis. Sie werden immer wieder, beispielsweise beim Kämmen, feststellen, daß sich ein paar Haare „verabschieden". Null Problemo! - Machen Sie sich doch zu diesen „Anlässen" einfach folgendes Denkmuster zu eigen:
„Liebe Haare, danke, daß ihr da wart,
liebe Haare, gut, daß ihr gegangen seid,
liebe Haare, denn somit habt ihr Platz gemacht für noch stärkere
Haare, die j e t z t dort nachwachsen..."

Wie kann ich meine Kopfhaut besser durchbluten?

Gute Durchblutung der Kopfhaut ist wichtig für eine ausreichende Versorgung der Haarwurzeln mit Aufbaustoffen. Gut versorgte Haarwurzeln spiegeln sich in optisch schönem und gesundem Haar wider. Schließlich soll der „Wald" auf Ihrem Kopf nicht nur aus dichtem „Unterholz" bestehen, sondern auch die Haare, die schon länger im „Rennen" sind, sollen keinen „Kahlschlag" erleiden. Dafür können Sie folgendes tun:
Beugen Sie sich beim Bürsten oder Kämmen Ihrer Haare einfach so weit es geht nach vorne. Sie dürfen ruhig dabei einen „roten Kopf" bekommen. Sprechen Sie parallel dazu in bekannter Weise aufbauende Haarwuchsformeln. Stimulieren Sie in leicht kreisenden Bewegungen entsprechende Stellen auf der Kopfhaut, aber üben Sie keinen übermäßigen Druck aus. Ver-

meiden Sie jegliche Willensanstrengung! Auch mit Hilfe einer Hängeliege (lesen Sie im Sonderteil) können Sie Ihre Kopfhaut wunderbar durchbluten. - Das ist aber kein Muß.

Wie kann ich die Präsenz der Grundformeln erhöhen?

Nur ein häufiges, ständig neues Kontaktieren mit den einfachen Formeln garantiert Ihnen eine hohe „Rendite" auf Ihre Selbstinvestitionen. Deshalb sollten Sie die Formeln neben ihrer bewußten Anwendung so oft wie möglich Ihrem Unterbewußten anbieten. Sie können dies beispielsweise wie folgt angehen:

Schreiben Sie die Formeln auf kleine Kärtchen, und bringen Sie diese Kärtchen an durch Ihre Anwesenheit häufig frequentierten Stellen an. Ich denke da an Badezimmerspiegel, Autoarmatur, Schreibtisch etc. Anfänglich werden Sie die Kärtchen mit ihren Botschaften noch bewußt wahrnehmen. Nach einigen Tagen schon werden die Kärtchen einfach nur noch dasein, ohne daß Sie diese bewußt beachten.

Seien Sie versichert, gerade dann nimmt Ihr Unterbewußtes die Botschaften auf und ordnet diese zu. Der kleine großartige Biocomputer in Ihrem Kopf ist ständig damit beschäftigt, ganze Fluten von Informationen zu verarbeiten und zuzuordnen. Warum also setzen Sie Ihr Unterbewußtes, gerade bei längeren Autofahrten, anstelle *irgendwelchen* Werbebotschaften aus dem Autoradio nicht lieber Ihren eigenen Botschaften aus??? Nutzen Sie doch solche Zeitangebote bewußt aus, anstelle sich berieseln zu lassen! Eine Variante wäre das Aufnehmen der Formeln auf Band und das Abspielen bei diesen Gelegenheiten.

Mit solchen Mitteln können Sie eine breitere „Lobby" für Ihr Haarwachstum in Ihrem Unterbewußten einrichten. Je größer der gedankliche Bestand ist, um so mehr werden Ihre Haare immer prächtiger wachsen, wachsen, wachsen, wachsen...

Wann sollte man damit beginnen, mit den Formeln zur Selbst-
investition zu arbeiten? Gibt es ein optimales Einstiegsalter?

Am besten gleich und sofort. Worauf warten? Generell ist es nie
zu früh und nie zu spät. Wer natürlich länger wartet als nötig
und das Thema immer wieder zur Seite schiebt, der darf dann
eben später einen noch größeren „Kahlschlag" aufforsten. Also
los!

Wie kann ich meine frisch angelegten Selbstinvestitionen vor
destruktiven Umwelteinflüssen schützen?

Gerade wenn Sie in der Anfangsphase Ihrer Selbstinvestitionen
für vollstes Haarwachstum sind, besteht von „außen" immer
ein wenig die Gefahr, daß man das Neue in Ihnen zunichte
macht. Zum einen durch unbedachte Äußerungen (Fremdsuggestionen) Ihrer Mitmenschen, zum anderen könnte es
demotivierend auf Sie wirken, wenn sich in Ihrem direkten
Umfeld Mitmenschen mit kahlen Oberschädeln befinden.
Deshalb hüten Sie Ihr „kleines Geheimnis" so lange, bis sichtbare Erfolge sich einstellen und Sie dann stark genug sind, Ihren Mitmenschen und gegebenenfalls Interessenten Ihre Erfolgs-
methode plausibel zu machen.

Sehr hilfreich ist es auch immer wieder, wann immer Sie es mit
kahlköpfigen Leuten zu tun haben, daß Sie sich folgendes
Gedankenschema aneignen:

(Ihr Vorname & Zuname), Du hast wirklich großes Glück mit Deinen
wunderbaren Haaren, die immer prächtiger wachsen. Ich darf mit vol-
len Haaren leben, der andere nun mal nicht. Ich akzeptiere meinen
üppigen Haarwuchs.

Sie sollen sich mit solchen Gedanken keineswegs über Ihre Mitmenschen lustig machen, aber Sie können Ihr Unterbewußtes
so zu einer effektiveren Umsetzung Ihrer autosuggestiven Ein-

gaben animieren und motivieren. Sie ziehen damit nur Nutzen aus ungebetenen Einflüssen, denen man ja immer wieder mal ausgesetzt ist.

Kann ich auch andere, vielleicht auch eigene Formeln zur Selbst-investition in Anwendung bringen?

Als „Neueinsteiger" sollten Sie sich, um baldige Erfolge zu haben, an den bewährten „Fahrplan" halten. - Wenn Sie aber wirklich nach einiger Zeit den Kern der Methode *verstanden* haben, wenn die Methode fester Bestandteil Ihres (neuen) Lebens geworden ist, dann werden Sie ganz von selbst wissen, es ist soweit. Dann sollen Sie sogar eigene Formeln munter entwerfen, anwenden und gegebenenfalls weitergeben! Das liegt voll im tieferen Sinn des Ganzen.

Grundsätzlich sollten Sie immer auf einen konstruktiven und optimistischen Gehalt der Wörter und Aufbau der Sätze achten. Es gibt natürlich auch hier Ausnahmen, die diese Regel bestätigen. Allerdings empfehle ich Ihnen die Anwendung solcher Ausnahmen nur dann, wenn Sie schon längere Zeit (frühestens nach sechs Monaten) mit den gelernten Formeln und Ansprachen arbeiten. Solche Ausnahmen bergen, verfrüht angewendet, unter Umständen auch „Gefahren".

Gut, wenn Sie unbedingt die Ausnahmen auch kennen möchten, dann möchte ich Ihnen diese nicht vorenthalten. Die Formel hierzu lautet:

Ich will mein unaufhörliches Haarwachstum stoppen. Aber ich kann mein Haarwachstum nicht stoppen. Ich kann es einfach nicht mehr.

Dies ist sozusagen die nutzbringende Umkehrung alles vorher Gelernten. Sie sollten bei der Anwendung dieser oder ähnlicher „Konter-Formeln" ruhig etwas Leidenschaft und Ausdruck mit hineinbringen. Betonen Sie im ersten Satz „will" und im zweiten, dritten Satz „kann / nicht".

Durch diesen cleveren Schachzug wandeln Sie latent vorhandene negative beziehungsweise destruktive Energien in positive beziehungsweise konstruktive Energien um. So einfach geht das. Aber bitte, wie gesagt, manifestieren Sie erst mal die Grundformeln in Ihrem Unterbewußten durch die autosuggestive Selbstinvestition und Ansprache.

Sind irgendwelche Beeinträchtigungen oder unangenehme „Nebenwirkungen" zwischen Methoden, die ich bisher mit (Teil-)Erfolg verwende und auch weiterhin verwenden möchte (beispielsweise fernöstliche Massagelotionen oder andere Mentalprogramme), und der hier vorgestellten Methode bekannt?

Wenn Sie die Verwendung der anderen Mittel und Methoden lieber nicht aufgeben möchten, so können Sie diese auch weiterhin und normalerweise ohne Komplikationen parallel zu unserer Methode anwenden. Erforderlich ist dies allerdings nicht, wobei ich unter bestimmten Voraussetzungen einige positive Synergieeffekte nicht ausschließen möchte.

Hilft die Methode auch bei akutem Krankheitsbefall meiner Kopfhaut?

In diesem Fall gehen Sie bitte sofort zu einem darauf spezialisierten Hautarzt. Unnötiges Zögern kann die Situation verschlimmern.
Wenn Sie einmal einen hohen Level mit Ihren autosuggestiven Selbstinvestitionen erreicht haben, werden solcherlei krankhafte Kopfhautbefälle von selber ausbleiben oder könnten sich dann nicht mehr so gravierend auswirken.

Was sind Haarstrukturschäden?
Können Haarstrukturschäden zu Haarverlust führen?
Wie kann ich Haarstrukturschäden vermeiden?

Schäden in der Haarstruktur gehören nur indirekt zu unserem

Thema, weil es sich bei Haarstrukturschäden ja um das sichtbare Haar handelt und nicht um den Haarwuchs oder Haarneuwuchs bzw. die Haarbildung als solche.

Unter Haarstrukturschäden versteht man im allgemeinen ein Aufrauhen, Aufsplittern oder Abbrechen des Haarschaftes. Das kann verschiedene Ursachen haben. Der Schädigungsgrad spiegelt sich in verschiedenen Stufen von glanzlosen, schwer kämmbaren, rauhen, spröden, knisternden und brüchigen Haaren wider. Das Ende vom Haartraum sind Haarverfilzung und komplett abbrechende Haarbüschel.
In dieser Situation spätestens sollte man seine Haare lieber „radikal" kurz schneiden lassen, ansonsten kann Haarverlust drohen!
Um Schäden in der Haarstruktur zu vermeiden, sollten Sie Ihr Haar möglichst wenig schädlichen äußeren Einflüssen aussetzen. Verzichten Sie gänzlich oder vermeiden Sie möglichst: Bleichen, Färben, Dauerwellen, Tönen, alkalihaltige Shampoos, intensive UV-Strahlung, Überhitzung durch Fönen, chlorhaltiges und salzhaltiges Wasser, extreme Kälte, übertriebenes Styling, mechanische Einwirkungen durch übertriebenes Bürsten und Kämmen. Übrigens, Kamm ist nicht gleich Kamm! Achten Sie bei Kämmen und Bürsten auf glatte und abgerundete Zinken und Borsten.

Wichtig ist auch eine ausgewogene Ernährung mit hohen Anteilen an Aminosäuren und B-Vitaminen, die beispielsweise in dunklem Gemüse, Obst und Nüssen enthalten sind. Sie bildet eine gute Grundlage für optisch schönes Haar und macht das nachwachsende Haar der Umwelt gegenüber widerstandsfähiger.

Kann Haarausfall emotional oder seelisch bedingt sein? Was kann ich hier tun?

Diese Problematik wird gerne heruntergespielt.

Innere Spannungsverhältnisse und destruktive Emotionen wie ungesunder Streß, Ängste, Aggressivität, aber auch seelische Angelegenheiten wie Trauer, Einsamkeit und Lieblosigkeit stehen in direktem oder indirektem Zusammenhang mit Haut und Haaren. Folgender authentischer Erfahrungsbericht soll dies etwas näher veranschaulichen:

Eine mir bekannte Dame erzählte mir aus ihrem Leben und untermauerte meine bisherigen Erkenntnisse über das Haar als ein *„Parameter der Seele"*. Sie erzählte von zwei einschneidenden Erlebnissen.

Als ihr Mann sie aus „heiterem Himmel" vor die vollendete Tatsache stellte, daß er sich nach fast zwanzig Jahren Ehe wegen einer anderen scheiden lassen wolle, brach für Frau Sch. eine Welt zusammen. Die neue Situation war so plötzlich und unerwartet über sie gekommen, daß sie förmlich den Boden unter den Füßen verlor, und drei Tage später verlor sie dann dazu auch noch büschelweise ihre ansonsten bisher immer tadellosen Haare.

Nach etwa zwei bis drei Monaten normalisierte sich die Situation um ihre Haare.

Noch gravierendere Erfahrungen machte Frau Sch. einige Jahre später, als ihre Mutter ganz plötzlich verstarb. Frau Sch. hatte eine tiefe, liebevolle Beziehung zu Ihrer Mutter und stürzte abermals in eine tiefe Lebenskrise.

Was denken Sie wohl, was passierte? Abermals nach ein paar Tagen fielen Ihr die Haare haufenweise aus, so extrem, daß überall auf Ihrem Kopf die Kopfhaut durchschaute. Auch hier normalisierte sich der Haarwuchs nach etwa einem Viertel Jahr.

Wie Sie mich vielleicht schon richtig einschätzen, bin ich eigentlich kein Freund trauriger Geschichten. Diese eine habe ich aber mal ganz bewußt hier mit angebracht, um Ihnen die Kraft innerer Gefühle klarzumachen.

Zwei Fragen stellen sich im Zusammenhang mit unserem Fallbeispiel:

A) Warum gingen der Dame so plötzlich die Haare aus?

B) Warum wuchsen der Dame die Haare nach einiger Zeit wieder?

Gefühle entstehen aus und mit Erfahrungen. Erfahrungen basieren auf komplexen, im Unterbewußten verankerten Gedankensystemen. Diese Gedankensysteme sind aufgebaut aus lauter einzelnen Gedanken.

Womit wir wieder beim Thema wären: Gedanken sind Energien. Die Kraft der Energien ist, wenn sie nicht bewußt gesteuert wird, zuweilen unberechenbar. Wenn die inneren Energien wie ein Gewitter „toben", dann suchen sie sich einen Blitzableiter um sich zu entladen. Dieser Blitzableiter, kann unter Umständen der des urplötzlichen Haarausfalls sein. Somit ist es verständlich, daß starke destruktive Emotionen zu solchen oder auch anderen Nebeneffekten wie Herzbeschwerden etc. führen können.

Genauso war es im Falle von Frau Sch. In beiden Fällen fiel sie in ein „großes schwarzes Loch" mit der erwähnten Nebenerscheinung Haarausfall.

Da wäre jetzt noch Frage B) zu klären.

Die Antwort ist einfach. Frau Sch. hatte ihre innere Gedankenwelt neu und *konstruktiv* geordnet. Im Falle ihres Mannes erkannte und nutzte sie die Chance zu einem selbständigen und eigenverantwortlichen Leben. Im Falle ihrer verlorenen Mutter leistete sie ihre *innere Trauerarbeit* und wandelte somit den „akuten bohrenden Schmerz" gedanklich und gefühlsmäßig in eine „liebende Erinnerung" um.

Sie erkennen, auch oder gerade die Seele hat Einfluß auf unsere Haare. Sind Sie überfordert, angespannt oder gesundheitlich angeschlagen, so spiegelt sich dies bei genauer Betrachtung ebenso in den Haaren wider. Sind die destruktiven Emotionen gar so gewaltig, daß Sie aus dem Gleichgewicht zu geraten drohen, dann ist auch mit Haarausfall zu rechnen.

Vermeiden Sie deshalb, aber natürlich nicht nur den Haaren zuliebe, destruktive Emotionen! Klären Sie innere Spannungssituationen so schnell wie möglich. Das erreichen Sie, indem Sie sich diese einmal durch ehrliche Selbstbetrachtung bewußt machen und dann Ihre Gewohnheiten und Einstellungen entsprechend ändern.

Reduzieren Sie unnötigen Streß durch mehr Ordnung. So banal das erscheinen mag: „Ordnung ist das halbe Leben" - die andere Hälfte darf oder soll natürlich kreativ sein und bleiben.

Stauen Sie keine inneren Aggressionen auf. Lassen Sie diese raus mit geeigneten Sportarten wie Waldlauf und Tennis. Probieren Sie's ruhig mit der „Urschreitherapie". Das alles ist besser, als daß Sie sich von innen selbst „zernagen".

Bei zwischenmenschlichen Problemen bemühen Sie sich doch besser um ein „klärendes Gespräch", das oft „Wunder" wirken kann, als daß Sie aus Ihrem Herzen eine „Mördergrube" machen und den negativen *Gedankenberg* im Unterbewußten immer mehr und mehr anhäufen.

Wenn Sie ein leicht aufbrausender Mensch sind, dann sagen Sie sich doch einfach öfter mal zwischendurch eine autosuggestive Formel, wie beispielsweise folgende:

„Ich bleibe gelassen, alles, was stört, ist am Verblassen."

Überhaupt können Sie mit Hilfe bewußter Autosuggestionen (siehe Sonderteil) Ihre Lebensqualität erheblich anheben, das ist wirklich unbezahlbar.

Was kann ich tun, wenn ich merke, daß ich bei der Anwendung
von autosuggestiven Formeln auf inneren *Widerstand stoße?*

Gerade wenn Sie ganz neu und ohne „einschlägige" Erfahrungen damit beginnen, mit autosuggestiven Formeln und Ansprachen zu arbeiten, kann es und wird es immer wieder mal vor-
kommen, daß Sie einige verwirrende Erfahrungen machen.

Angenommen Sie sagen sich etwas Schönes vor, was Sie nur
schwer oder auch gar nicht glauben können, dann werden Sie
anfangs feststellen, daß Ihre innere Stimme Ihnen sagt, daß Sie
sich selbst belügen und damit aufhören sollen. Alles in Ihnen
sträubt sich gegen Ihre eigenen Worte, und Sie werden das Gefühl nicht los, daß Sie sich etwas *Falsches* einreden.

Dieses innere Empfinden ist völlig normal. Glauben Sie mir. Da
muß man durch. Allerdings nicht mit Gewalt. Wenn Sie erst einige Male konsequent Ihre Formeln vorgesagt und gedacht haben, wird es Ihnen von Mal zu Mal leichter fallen und glaub-
würdiger erscheinen. Die unguten inneren Gefühle dabei werden mehr und mehr verstummen und einer neuen, Ihrer neuen
Wirklichkeit weichen. Verstehen Sie, es gibt keine vorgeschrie-
benen Wahrheiten. Durch Ihre Gedanken können Sie in Ihrem
Möglichkeitsbereich andere, bessere Wahrheiten schaffen. Denken Sie sich frei! Die Gedanken sind frei! Wer kann schon ernsthaft Ihre Gedanken zensieren? Niemand. Nur Sie selber.

Sollten Sie allerdings wirklich „ernsthafte" Anlaufschwierigkei-
ten zu Beginn mit den neuen Formeln haben, dann ist es natürlich wie immer erlaubt, etwas zu „tricksen".

Ich verrate Ihnen auch gerne, wie das geht. Diese „Strategie"
funktioniert übrigens bei allen Autosuggestionen und natürlich
auch bei Ihren speziellen Formeln für immer prächtigeres Haarwachstum.

Ihr Unterbewußtes läßt neue Formeln leichter „Wurzeln" schlagen, wenn es sich in einer zugeneigten und wohlgefälligen Stimmung befindet. Diese innere Stimmung können Sie leicht erzielen, indem Sie Ihrem Unterbewußten eine „Mogelpackung" unterschieben.

Beispiel: „Schmeißen Sie sich in einen Topf" mit Menschen, die eine für Sie besonders herausragende Eigenschaft haben. Das können prominente Menschen sein oder auch Leute aus Ihrem Bekanntenkreis. Spielt keine Rolle dabei. Da es hier vorrangig um das Thema „Schönes Haar" geht, schreiben Sie sich spontan einige vollständige Namen von Personen auf, von denen Sie meinen, daß diese wirklich „beneidenswerte" Haare haben. Es dürfte keine Schwierigkeit sein, etwa sechs bis zehn solcher Namen zu finden und aufzuschreiben. Fügen Sie nun zwischen die Namen der anderen Personen den Ihrigen einfach ein nach folgendem Muster:
Ich weiß, Holger Glück hat vollstes Haar.
Ich weiß, Richard Liehr hat vollstes Haar.
Ich weiß, Susi Kleinberger hat vollstes Haar.
Ich weiß, Steffen Koall hat vollstes Haar.
Ich weiß, *Ihr Vorname und Zuname* hat vollstes Haar.
Ich weiß, Howard Rosendale hat vollstes Haar.
Ich weiß, Klaudia Schiffner hat vollstes Haar.
Ich weiß, Roberto Sowieso hat vollstes Haar.
Ich weiß, etc. etc.

Welche Namen Sie nun tatsächlich benutzen, spielt ebenso wie das Geschlecht der Namensträger überhaupt keine Rolle. Wichtig ist nur, daß Sie voller Überzeugung sind, daß gerade diese Menschen „bewundernswerte" Haare haben. Schreiben, lesen oder denken Sie sich vor den ersten Anwendungen der autosuggestiven Formeln diese Konstellationen solcher Namens-(spiele) aus. Sie werden garantiert feststellen, daß sich dann Ihr Inneres nicht mehr allzusehr gegen neue und noch nicht akzeptierte Vorstellungen in Gestalt von autosuggestiven Formeln sträuben wird.

Denken Sie e i n f a c h und f r e i !

Noch ein Beispiel: Machen Sie Ihr Unterbewußtes „handzahm", indem Sie Ihre Formeln *einleiten* mit Dingen, die Sie wirklich mögen.

Ich glaube, ich liebe Apfelkuchen.

Ich glaube, ich liebe das Meer.

Ich glaube, ich liebe meinen Hund.

Ich glaube, ich liebe das Leben.

Ich glaube, alles ist einfach.

Ich glaube, meine Kopfhaare wachsen immer prächtiger etc. etc.

Der Kern dieser Strategien ist, Ihrem Unterbewußten auf nette Weise neue Weisen einzugeben. Wer klein denkt, ist klein. Wer groß denkt, ist groß. Wer frei denkt, ist frei. Die vermeintlichen Grenzen existieren lediglich in den Köpfen der Menschen und werden durch die selbst aufgebürdete „Tretmühle" des Alltags immer enger gezogen. Nehmen Sie sich doch einfach die Freiheit, „jetzt" und „hier" anzufangen, liberaler zu denken.

Kann ich mit der Methode der autosuggestiven Selbstinvestition auch gezielt an anderen „Baustellen" meines Körpers arbeiten?

Generell ist alles drin.

Mir sind Fälle bekannt, wo mit gezielten Formeln ganz spezielle Erscheinungen verändert und behoben werden konnten. Beispielsweise Schlafstörungen, Ekzeme, Schnarchen, Lernschwächen, Hautwucherungen (Warzen), Alkohol- und Nikotinsucht, Unarten wie „manisches" Nasenbohren und Nägelkauen, ja sogar gewichtigere Abweichungen vom Sollzustand wie Übergewicht, Stottern, Fehlsichtigkeit und Schwerhörigkeit wurden schon sehr oft mit gezielten Formeln behoben bzw. korrigiert.

Eins jedoch sollten Sie dabei nicht tun! „Überfüttern" Sie Ihr Unterbewußtes nicht mit Spezialformeln.

Ihr Unterbewußtes führt die durch ihre autosuggestiven Selbstinvestitionen anberaumten Veränderungen ja *zusätzlich* und neben seinem sowieso immer vorhandenen immensen Arbeitspensum durch. Und so wie ein kleines Kind Schrittchen für Schrittchen das Laufen erlernt, um dann die ganze Welt zu erobern, so sollten Sie auch mit Ihren Selbstinvestitionen ganz langsam und ohne gleich alles mit einem Mal haben zu wollen, vorangehen. Ansonsten könnte Ihr Unterbewußtes blockieren, und Sie würden dann rein gar nichts bewirken. Investieren Sie deshalb primär in Ihren Haarwuchs. Schließlich haben Sie deswegen dieses Buch gekauft. Alle weiteren Möglichkeiten werden ganz gewiß zum richtigen Zeitpunkt daraus resultieren und sich anbieten. Darauf können Sie vertrauen!

Wenn Sie die ersten „Hürden" mal genommen haben, kommt es ganz von selber zu angenehmen „Nachzieheffekten".

Beherzigen Sie die „20-zu-80"-Regel. Die bedeutet im Klartext, daß Sie nicht hundertprozentigen Lösungen und Ergebnissen in komplexen Systemen nachjagen sollen, sondern fürs erste zwanzig Prozent des Zieles sich genauer vornehmen und umsetzen. Haben Sie dies getan, fliegen Ihnen automatisch weitere Erfolge, und zwar bis zu achtzig Prozent vom Gesamtziel, ganz von selber zu.

„Die meisten Probleme lösen sich von selber, man sollte sie nur nicht dabei stören."

Sonderteil: Alles ist drin

Die Allmacht der Gedanken

Mit Hilfe der bewußten Autosuggestion können Sie natürlich in alle Lebensbereiche hinein investieren und die „wunderbarsten" Veränderungen erleben. Sie finden sich damit also im „grünen Bereich" des Daseins wieder ein.

Die Bandbreite der Anwendungsmöglichkeiten ist *unermeßlich*!

Auch wenn das eine oder andere Problem(chen) schon lange Zeit besteht, so ist das wirklich kein Grund zur Annahme, daß es immer so sein wird! - Nein, betrachten Sie Ihr Problem als Herausforderung im positiven Sinne, und gehen Sie einfach davon aus, egal, was es ist, Sie haben es nicht gerufen, und warum sollte es nicht genauso einfach, wie es gekommen ist, sich wieder (auf)lösen können?

Sie können mit der Autosuggestion auf zwei Ebenen arbeiten. Zum einen mit Spezialformeln, wie Sie bereits erfahren haben. Zum anderen mit allgemeinen Formeln, die allumfassender Natur sind.

Die wunderbar genialste Methode, die ich kenne, ist die Coué-Methode (siehe Literaturverzeichnis). Benannt ist sie nach dem französischen Apotheker Emil Coué, der Anfang des Jahrhunderts in Europa und Amerika, wie man heute sagen würde, der „Hit" war. Diese Methode erlebt auch seit einigen Jahren in unseren Breiten ihre Renaissance. Und das zu Recht! Sie wurde in den letzten Jahrzehnten geradezu von der Schulmedizin verschwiegen und war trotzdem nicht „totzukriegen".

Die Grundformel von Coués Lehre lautet:

„Mit jedem Tag geht es mir in jeder Hinsicht immer besser und besser."

Diese Formel, richtig angewandt, hat nachgewiesenermaßen in Tausenden von Fällen schon die erstaunlichsten Erfolge zu „verbuchen", auch in Fällen, wo keine Hoffnung mehr bestand.

Genauso „nobelpreiswürdig" ist Coués „Weg-weg-weg-Methode", mit der man besonders bei akutem Schmerz, beispielsweise Migräne, immer wieder spontane Heilungen erleben kann.

Hierzu müssen Sie rasend schnell etwa eine Minute beispielsweise zu sich selbst sagen: „Der Kopfschmerz schwindet, er geht weg, weg, weg, weg, weg, weg, weg, weg, weg, weg, wegwegwegwegwegwegwegwegwegwegwegwegweg...
Diese Formel ist die „Schmerztablette" der Autosuggestionen. Richtig angewandt, geht sie *sofort* ins Unterbewußte, das dann die Befehle sofort an die zuständigen Organe und Schaltzentralen gibt, um den Schmerz als auch die Ursachen zum Abklingen zu bringen.
Natürlich sind Schmerzen auch immer ein Alarmsignal Ihres Körpers, und bei ernsteren Angelegenheiten (beispielsweise Blinddarm!) sollten Sie sich immer in sofortige ärztliche Behandlung begeben.
Sehr gut ist die „Weg-weg-weg-Methode" auch geeignet bei Hautausschlag, Akne und Warzen.

Emil Coué erkannte damals schon rein intuitiv, das Unterbewußte ist d i e Triebkraft im Inneren des Menschen.
Das bedeutet demzufolge auch, je länger eine krankhafte Veränderung besteht, die der betroffene Mensch *angenommen* hat, nach dem Motto: „Das kriege ich nie mehr so ganz weg", um so mehr wurde das Unterbewußte darin bestätigt, daß mit der Veränderung alles O.K. ist. Dem Unterbewußten ist es ja schließlich egal, ob Sie noch ein paar Schmerzen oder beispielsweise Warzen mehr haben, weil es nicht *wertet*, ob gut, ob schlecht.

Es werden sozusagen Tatsachen geschaffen, die sich zu allem „Überfluß" sogar noch dynamisieren und vermehren können.

Da hilft dann entweder nur noch die „chemische Keule" der Schulmedizin, meistens jedoch nur kurzfristig, oder viel, viel besser der feste *Glaube*, daß alles wieder gut wird.
„Echte" Christen beispielsweise dürfen ja immer wieder erleben, daß ihre Gebete erhört werden und sich alles wie von „Gottes Hand" zum Besseren wendet.
Wenn Sie ein so stark gläubiger Mensch sind, dann brauchen Sie die Methode der Autosuggestionen nicht!
Letztendlich sind die Gebete der religiös Gläubigen, bitte verzeihen Sie mir, nichts anderes als „inbrünstige" Selbstsuggestionen.
Jedem seinen Glauben! Ich will, kann und darf niemandem seinen Glauben „madig" machen.
Mal ehrlich, wenn Sie nun kein so *wahrhaftiger* Christ aus vollstem Herzen und vollster Seele wären, woran *glauben Sie dann eigentlich?*
Ein kluger Mann sagte einmal: *„Letztendlich sind alle Probleme in der zweiten Lebenshälfte auf nicht geklärte Glaubensfragen zurückzuführen."*
Lassen Sie sich doch mal diese Aussage durch den Kopf gehen.

Ich bin der letzte, der Ihnen vorschreiben möchte, was Sie zu glauben haben. Aber mit einer gelassenen und optimistischen Glaubenshaltung lebt es sich wirklich wesentlich leichter und sorgloser!
Man kann solche inneren Überzeugungen bewußt Schrittchen für Schrittchen aufbauen.
Es spielt in diesem Zusammenhang auch erst mal nur eine untergeordnete Rolle, ob das „Bewußte", also Ihr Verstand, glaubt, sondern es kommt „nur" auf Ihr Unterbewußtes an.

Mit einfacher Anwendung der autosuggestiven Formeln zur Selbstinvestition können Sie bei gezielter, und wie schon so oft erwähnt, absolut willenloser Anwendung das Unterbewußte **direkt** erreichen, beeinflussen und umstrukturieren. Sie können das in jede beliebige Richtung.

Um defizitäre Richtungen und Einstellungen Ihrer Wesenheit, oder wenn Sie so wollen auch Ihrer Persönlichkeit, festzustellen, müssen Sie Ihre inneren Glaubenssätze „enttarnen". Dazu stelle ich Ihnen später noch eine spielerisch leichte Methode vor, denn was sich jetzt vielleicht sehr kompliziert anhört, ist es überhaupt nicht.

Ich fragte Sie ja schon mal: *„Was glauben Sie eigentlich?"*
Stopp, stopp, stopp, es geht mir nicht darum, was Sie meinen, glauben zu sollen, sondern um Ihren tatsächlichen „Glaubenskern". Die meisten Menschen, zumindest die allzu oberflächlichen, sind sich ihrer innewohnenden Glaubenssätze noch nie ernsthaft bewußt geworden.
Innere Glaubenssätze definieren den Charakter, die Persönlichkeit und letztlich das „Schicksal" des Menschen!
Innere Glaubenssätze entwickeln sich beständig aus Einzelbausteinen. Diese Einzelbausteine sind hauptsächlich persönliche Lebenserfahrungen und Sinneswahrnehmungen. Diese Einzelbausteine gehen permanent in Form von *Gedanken* ins Unterbewußte ein und formen und feilen so an Ihren inneren Glaubenssätzen.
Glaubenssätze sind also somit auch immer Grundeinstellungen zum Leben, sie entscheiden über Charakterzüge und „überschatten" uns ein Leben lang.
Sind Glaubenssätze einmal im Unterbewußten verankert, strebt dieses danach, den Glaubenssätzen gerecht zu werden und ordnet neue Informationen und Erfahrungen den „alteingesessenen" Glaubenssätzen eher zu, als daß es neue Glaubenssätze zuläßt. Das heißt, vorhandene Glaubenssätze bestätigen sich gerne selbst und wachsen somit mehr und mehr. Konkurrenz in Form von neuen Glaubenssätzen mögen die „alten" natürlich nicht und weichen nur dann, wenn man sie entweder durch ewig lange „Psychoanalysen" aufdeckt und entkernt oder wenn man

sie mit einer „pfiffigeren" Methode versteht, um zu strukturieren. - Sie ahnen wahrscheinlich schon, wo der „Hase" läuft...

Eins sei zur Psychoanalyse à la „Freud" angemerkt: Sie ist sicherlich auch ein gangbarer Weg von vielen, die ebenfalls zum Erfolg führen kann. In der Psychoanalyse kauen Sie sozusagen alle bedeutsamen Lebenserfahrungen vom Kleinkindalter an Gedanken für Gedanken noch mal durch, um damit die Ursachen Ihrer persönlichen Defizite aufzudecken und diese dann wegzutherapieren. Nach dem Motto: „Nach siebenjähriger intensiver Behandlung ist es gelungen, den Patienten fast restlos von seinen Kindheitskomplexen zu befreien."
Schade eigentlich um die schönen Jahre, wenn Sie doch dasselbe oder ein besseres Resultat wesentlich einfacher und viel schneller haben könnten.
Wozu dieser Heidenaufwand? Die Beantwortung dieser Frage überlasse ich Ihrem Urteilsvermögen.
Was nützt es Ihnen eigentlich, nach langjähriger Analyse die Ursachen des Übels herausgefunden zu haben?
Rein gar nichts!!!
Lassen Sie die Ursachen doch einfach Ursachen sein, und wenden Sie doch ganz einfach autosuggestive Formeln zur gezielten Persönlichkeitsentwicklung an und bringen damit die Symptome als auch die Ursachen bisheriger Mankos zum Verschwinden.
Was geschehen ist, ist nun mal geschehen. Mit bewußten Formeln legen Sie heute ein solides Fundament für eine lohnende Zukunft. *Mit Ihrem Denken schaffen Sie sich Ihr eigenes Königreich.* Versprochen.
Um gezielte Formeln für Ihre Persönlichkeitsentfaltung zu entwickeln, ist es angebracht, die inneren Glaubenssätze aufzudekken. Wie oben angekündigt, gibt es dafür folgende, spielerisch leichte Methode.
Nehmen Sie sich mal ein paar Stunden Zeit für sich selbst. Am besten sollten Sie es sich irgendwo alleine(!) gemütlich machen. Entspannen Sie sich, so gut Sie können. Schaffen Sie eine ange-

nehme „spirituelle" Atmosphäre, vielleicht zünden Sie eine Kerze an und trinken ein (nur ein!!!) Gläschen Wein („In vino veritas").

Wenn Sie soweit sind, legen Sie ein Blatt Papier bereit.

Erstellen Sie eine Auflistung von Persönlichkeitsmerkmalen und -attributen, die Sie persönlich für ganz besonders wichtig und nennenswert befinden.

Beispielsweise: beliebt, schön, anerkannt, reich, volles Haar, glücklich, makellose Haut, sorglos, erfolgreich, intelligent, sportlich, sexy, gesund, jung etc. etc.

Denken Sie gar nicht lange nach, und sortieren Sie nichts aus. Schreiben Sie alle diese Attribute ganz spontan, wie sie Ihnen in den Sinn kommen, der Reihe nach untereinander aufs Papier.

Haben Sie dies getan? Gut. Dann fangen Sie nun an, sich selbst nach einem bestimmten Schema zu befragen.

Sprechen Sie hörbar Ihren Vornamen, und stellen Sie unter Verwendung der auf der Liste stehenden Attribute immer wieder folgende Grundfrage:

Vorname, glaubst Du, Du bist ein(e) ??????????? Persönlichkeit/ Mensch?

(Beispielsweise:

„Kathrin, glaubst Du, Du bist eine beliebter Mensch?" oder

„Jürgen, glaubst Du, Du bist ein erfolgreicher Mensch?" oder

„Peter, glaubst Du, Du hast immer volles Haar?")

Stellen und beantworten Sie eine Frage nach der anderen spontan und *wahrheitsgemäß*. Achten Sie auf Ihre Gefühle bei der Beantwortung, und machen Sie sich Notizen.

Es gibt grundsätzlich drei Antwortmöglichkeiten:

1) Sie bejahen Ihre Frage klar und deutlich, ohne zu zögern und ohne innere Zwiespälte.
2) Sie verneinen die Frage spontan.
3) Sie können sich weder zu einem „Ja" noch zu einem „Nein" entschließen.

Wenn Sie dann alle Fragen durchhaben, dann gehen Sie an die Auswertung.

Bei Antworten auf Ihre Fragen mit „Ja" (wie unter 1. beschrieben) ist alles in Ordnung. Es deutet nichts, diese speziellen Fragen anbelangend, auf negative beziehungsweise destruktive innere Glaubenssätze hin.

Bei verneinten Fragen oder auch unsicheren Antworten (wie unter 2. und 3.) scheint einiges im argen zu liegen. Hier deutet, diese speziellen Fragen anbelangend, viel auf negative und destruktive Glaubenssätze hin!

Um treffende Auskunft über Ihren inneren „Grundtenor" zu bekommen, gibt es einen ganz einfachen Satz, den Sie lediglich ganz spontan, und ohne Ihren Verstand zu benutzen, zu vervollständigen brauchen. Sie können somit in *Sekundenschnelle* Ihre momentan „vorherrschende" und „beherrschende" Lebenseinstellung auf den Punkt bringen. Da ich Sie nicht um diese *einmalige* Gelegenheit bringen möchte, habe ich diesen Satz auf einer anderen Seite des Buches versteckt. STOPP! Bevor Sie jetzt gleich das Suchen anfangen, machen Sie sich bewußt, daß dieses Experiment nur einmal funktioniert, weil später immer auch Ihr Verstand mitmischt. Den brauchen wir dabei aber nun mal nicht. Deshalb legen Sie eine kurze Pause ein, halten Sie einen Moment inne, und vervollständigen Sie, wenn Sie soweit sind, nun ganz spontan den ersten Satz unter der Überschrift „Schlußwort".

Nun, was war Ihr Attribut? Haben Sie spontan eher etwas Freundliches, Positives, Optimistisches gesagt, dann ist alles in Ordnung. War es eher das Gegenteil, dann wissen Sie nun besser, woran Sie mit sich selbst sind. Übrigens, „diese Welt" ist in Wahrheit nur Ihre persönliche Sichtweise dieser Welt. Somit ist sie auch immer ein Spiegel Ihrer „inneren Welt" und Spiegel Ihrer Persönlichkeit.

Wenn Sie also mit diesen vorgestellten Methoden Ihrer inneren Wahrheit auf die Schliche gekommen sind, haben Sie mit der gewonnenen Erkenntnis zugleich auch ein Instrument erhalten, um eine „Selbstrevolution" Ihres inneren Wesens, Ihrer inneren Glaubensvorstellungen und Lebenseinstellungen einzuleiten. (Natürlich nur, wenn Sie das auch wünschen und dies für erstrebenswert halten.)

Im folgenden Kapitel stelle ich Ihnen meine schönsten (Glaubens-)Sätze in Form von autosuggestiven Ansprachen vor, die Ihnen als Vorlagen dienen können und bestimmt auch in der einen oder anderen Form Ihr Leben bereichern können...

Autosuggestive Ansprachen zur Selbstinvestition

Sie ähneln in ihrem Wesen sehr der bereits vorgestellten Ansprache für volles Haarwachstum. Während diese spezialisiert war, sind die im Anschluß folgenden Ansprachen eher allgemein gehalten und allumfassender Natur. Spezialisierungen sind natürlich auch hier keineswegs tabu.

Bei den hier vorgestellten Ansprachen handelt es sich um ein „Bausteinsystem" aus vier Grundformeln, das ich im Laufe der Jahre ständig weiterentwickelt und „ausgefeilt" habe.

Sie können die Formeln natürlich auch einzeln anwenden. Beispielsweise eignet sich Formel „vier" auch tagsüber so als kleine „Zwischenmahlzeit" ganz gut, um eine anstehende Herausforderung mit Schwungkraft und Optimismus anzugehen.

Sie können auch die Formeln in der „Ich"-und „Du"-Form ganz nach Ihrem „Geschmack" mixen, anstelle Ihres bürgerlichen Namens Ihren Kosenamen einsetzen oder natürlich auch Ihre eigenen Ideen einbringen oder gänzlich solche anwenden.

Verstehen Sie, in Wahrheit kommt es nicht auf die Worte selbst an, sondern lediglich auf den positiven Gehalt.

Übrigens, wenn Sie, das gilt für alle Autosuggestionen, die Formeln in Ihrer Mundart, in Ihrem Dialekt aussprechen, wirken Sie am besten!

Auch mit der Wahl der Worte verhält es sich genauso, weil jeder Mensch mit bestimmten Wörtern eigene Erfahrungen und Vorstellungen verknüpft und diese in seinem Unterbewußten seiner individuellen Bewertung nach verankert sind.

Wenn Sie fleißig eigene Formeln kreieren, achten Sie bitte auf eine konstruktive und positive Gestaltung.

Vermeiden Sie negative Kraftausdrücke sowie Worte wie „kein", „nie", „nicht" und Vorsilben wie „un-", „anti-".

Beispiel: Sie wollen an Ihrer schlechten Körperhaltung arbeiten, dann verwenden Sie statt

„Mein schmerzender Buckel wird bald nicht mehr so weh tun"
besser folgende Formulierung:

„Meine Körperhaltung wird immer und überall besser und optimaler, und ich fühle mich immer wohler und aufrechter."

Anderes Beispiel: Sie haben Prüfungsangst, dann sagen sie natürlich nicht:

„Ich habe keine Prüfungsangst",
sondern Sie sagen besser:

„Ich freue mich auf die Prüfung und gehe da ganz relaxed hinein und erfolgreich hinaus."

Ihre eigenen oder die im Anschluß folgenden autosuggestiven Ansprachen lesen oder sprechen (oder denken) Sie sich am einfachsten morgens (nach Ihren Formeln für Haarwachstum) und abends (vor Ihren Formeln für Haarwachstum) laut oder leise und ohne zu forcieren vor sich her.

Diese Ansprachen werden mit der Zeit zur Gewohnheit und sorgen, wenn sie dann von innen heraus wirken, allzeit für „Sonnenschein" in Ihrem Leben, auch bei Schlechtwetter.

Autosuggestive Ansprache zum Tageseinklang

1) Guten Morgen, du schöner Tag. Es beginnt ein wundervoller Morgen, schöner als je ein Morgen zuvor. Ich freue mich auf diesen Tag. Ja, das Leben meint es wirklich gut mit mir.

2) Ich, *Vorname & Zuname*, ich bin ein Schönheitsideal, ich habe immer volleres Haar, einen immer strahlenden Teint, ich bin immer jünger, gesünder, sportlicher und allzeit vital.

   Du, *Vorname & Zuname*, Du bist ein Schönheitsideal, Du hast immer volleres Haar, einen immer strahlenden Teint, Du bist immer jünger, gesünder, sportlicher und allzeit vital.

3) Du, *Vorname & Zuname*, Du bist eine erfolgreiche, intelligente, faszinierende, charismatische, elitäre Persönlichkeit, und Du läufst auch heute wieder zu Deiner absoluten Bestform auf.

Ich, *Vorname & Zuname*, ich bin eine erfolgreiche, intelligente, faszinierende, charismatische, elitäre Persönlichkeit, und ich laufe auch heute wieder zu meiner absoluten Bestform auf.

4) Ich kann mir vorstellen, grenzenlos und spielend einfach, alles zu verwirklichen.

Du kannst Dir vorstellen, grenzenlos und spielend einfach, alles zu verwirklichen.

Autosuggestive Ansprache zum Tagesausklang

1) Das war ein herrlicher Tag. Ich danke dafür. Alle Menschen über die ich heute oder bisher Schlechtes gesagt oder gedacht habe, sind auf ihre Weise in Ordnung. Diese Welt ist auf ihre Weise in Ordnung. Ich schließe Frieden mit dieser Welt. Alles auf dieser Welt hat seine Daseinsberechtigung. Alles in Ordnung. Nichts und niemand hat Macht über mich und meine Gedanken außer mir selber. - Und das ist gut so.

2) Ich, *Vorname & Zuname*, ich bin eine erfolgreiche, intelligente, faszinierende, charismatische, elitäre Persönlichkeit, und ich war auch heute wieder in absoluter Bestform.

Du, *Vorname & Zuname*, Du bist eine erfolgreiche, intelligente, faszinierende, charismatische, elitäre Persönlichkeit und Du warst auch heute wieder in absoluter Bestform.

3) Du, *Vorname & Zuname*, Du bist ein Schönheitsideal, Du hast immer volleres Haar, einen immer strahlenden Teint, Du bist immer jünger, gesünder, sportlicher und allzeit vital.

Ich, *Vorname & Zuname*, ich bin ein Schönheitsideal, ich habe immer volleres Haar, einen immer strahlenden Teint, ich bin immer jünger, gesünder, sportlicher und allzeit vital.

4) Ich kann mir vorstellen, grenzenlos und spielend einfach, alles zu verwirklichen.

Du kannst Dir vorstellen, grenzenlos und spielend einfach, alles zu verwirklichen.

„Erkenne Dich selbst" und „Erkenne andere"

Schützen Sie Ihr „naives" Unterbewußtes vor negativen Umwelteinflüssen.

Gerade die Worte (S u g g e s t i o n e n) geliebter Menschen (wie Ehepartner, Eltern, Freunde) oder von Autoritäten (wie Chefs, Halbgöttern in Weiß, Politikern) werden oft, völlig ungefiltert vom Verstand, auf unbewußter Ebene von einer Fremdsuggestion in eine Autosuggestion umgewandelt. Das heißt, diese Leute pflanzen (natürlich meist ohne böse Absicht) negative Gedanken in Ihr Unterbewußtes ein, die dann dort ihr „Unwesen" treiben und sich als Negativprogramme (düstere Glaubenssätze) fest manifestieren.

Sie sehen, es ist also ratsam, auf die Worte Ihrer Gesprächspartner zu achten.

Weben Sie sich doch Ihren eigenen „Impregniermantel" um Ihr Unterbewußtes, der alle energieraubenden Fremdsuggestionen abweist.

Beispiel: Ein lieber Kollege sagt: „Sch...wetter heute und überhaupt der ganze Streß hier."

Dann denken Sie sich doch einfach im stillen: „Die paar Regentropfen machen mir gar nichts aus, und meine Arbeit macht mir riesigen Spaß." Oder so was in der Richtung jedenfalls. Sie müssen das Ihrem unzufriedenen Kollegen ja nicht unbedingt ins Gesicht schleudern. Sie brauchen sich aber auch nicht von ihm „runterziehen" zu lassen.

Halten Sie sich auch unbedingt aus den allseits beliebten Debatten über Krankheiten heraus!!!

Denken Sie immer im „Hinterstübchen" an die „Allmacht der Gedanken"...

Gleiches gilt natürlich auch für Ihre Worte an Ihre Mitmenschen. Jetzt, wo Sie um die Macht der Worte wissen, grenzte es ja fast an ein „Verbrechen", wenn Sie künftig nicht behutsamer auf Ihre Wortwahl achteten.

60

Betreiben Sie doch ein wenig individuelle Sprachkultur und leisten damit einen Beitrag zur allgemeinen Bewußtseinskultur. Eigenen Fremdsuggestionen (Worte) an Ihre Mitmenschen sollten Sie bewußt einen positiven, motivierenden, konstruktiven Gehalt geben. Das tut Ihnen gut, weil Sie ja dann in derselben Weise denken, und natürlich auch Ihrem Ansprechpartner.

Beispiele:
Der Apotheker und „Entdecker" der bewußten Autosuggestion, Emil Coué, machte in seiner Apotheke immer wieder eine interessante Beobachtung. Er stellte fest, daß die absolut selben Medikamente bei seinen Patienten viel, viel besser wirkten, wenn er diese mit folgenden Worten überreichte: „Das ist wirklich ein sehr gutes Mittel mit hoher Wirksamkeit." Coué sprach seinen Patienten mit solchen oder ähnlichen Worten Hoffnung und Optimismus zu und machte somit kleine „Wunder" wahr. Später wurden dann sogar große „Wunder" wahr, die weltweit für Furore sorgten.

Ähnliche Beobachtungen, wenn auch in einer völlig anderen Branche, durfte auch ich immer wieder machen.

Während meiner Tätigkeit als Verkaufsberater für Hausgeräte fügte ich eines Tages zufällig einem erfolgreichen Verkaufsabschluß eine bestimmte Wortwendung bei. Die überraschende Folge davon war, daß der anfänglich recht schwierige, skeptische und nicht so richtig zufriedenzustellende Kunde „auftaute", sich mehrfach für die „gute" Beratung bedankte und mein Stammkunde wurde.

Die Wortwendung *„Damit haben Sie wirklich einen guten Griff gemacht"* „testete" ich daraufhin ganz bewußt in Hunderten von Beratungsgesprächen an meinen Kunden aus, und siehe da, meine Reklamationsrate bewegte sich in Richtung „Null", und viele Kunden kamen oft noch Wochen später zu mir ins Geschäft, um sich für ihr „tolles" Gerät bei mir zu bedanken.

Warum taten sie das wohl?

Mir war es gelungen, meinen Kunden neben den Geräten auch noch ein gutes Gefühl mit zu „verkaufen". Ich hatte in sie sozusagen eine positive „Glaubensvorstellung" eingepflanzt.

Das soll jetzt nicht heißen, daß ich alle rücksichtslosen Verkaufsmethoden für legitim halte. Es geht mir lediglich um die Veranschaulichung dessen, was Sie mit Ihren Worten doch alles bewerkstelligen können.

Haben Sie Kinder? Wenn ja, denken Sie doch mal nach, wie Sie Ihren Sprößlingen durch bewußte Wortwahl mehr Selbstvertrauen und Motivation zusprechen können, anstatt sie vielleicht (unbewußt) durch leichtfertige Äußerungen destruktiv und negativ zu programmieren. Wie Sie wissen, finden gerade die Worte von „Autoritäten", und eine solche sind Sie für Ihre Kinder (auch wenn's manchmal nicht danach ausschauen sollte), als Fremdsuggestionen schnellen und nachhaltigen Zugang in das Unterbewußte der Kleinen.

Wenn Sie feststellen, daß Ihr Nachwuchs eine schlechte Meinung von sich selbst hat - das merken Sie an Aussprüchen wie „Oh, bin ich dumm", „Mich mag keiner" - dann setzen Sie Ihrem Kind immer etwas Konstruktives entgegen wie „Du bist eine schlaue Maus. "

Bei Kleinkindern eignet sich auch bestens die Methode der Schlafsuggestionen nach Emil Coué (siehe Literaturverzeichnis). Treten Sie hierzu an das Bettchen Ihres schlafenden Kindes, und reden Sie positiv auf es ein. Beispielsweise bei Bettnässern: „Mein lieber „Fratz", dein Bettchen wird nun immer öfter am Morgen trocken sein, deine Mami ist sehr stolz auf dich."

Natürlich ist nicht nur das Unterbewußte bei den kleinen Erdenbürgern im Schlaf leichter zugänglich, das gilt genauso für jeden Erwachsenen.

Es gibt ja beispielsweise Fremdsprachenkurse, die nachts, während der Lernende schläft, laufen und tatsächlich *Lernerfolge* bringen.

Sie vermuten völlig richtig, unser Unterbewußtes ist nicht immer gleichermaßen leicht zugänglich. Wir wissen, wenn also das Tagesbewußtsein zurücktritt - dies ist der Fall beim Einschlafen, während des Schlafes oder während sogenannter Tagträu-

me (diese hat man öfter, als man meint)-, liegt Ihr Unterbewußtes fast brach. Dies sind natürlich ideale Möglichkeiten zur bewußten Selbstprogrammierung bzw. zu autosuggestiver Selbstinvestition.
Es gibt aber auch noch andere hervorragende Gelegenheiten dafür, und darauf möchte ich noch kurz eingehen.

Gerade auch in Zuständen emotionaler Entladung in ihrer vollsten Bandbreite, also vom höchsten Liebesgefühl über Überraschungsmomente bis hin zu blinder Wut, kommt Ihr Unterbewußtes „hoch" und bietet damit Gelegenheit zu bewußter Lenkung.
Es ist nicht so wichtig, was alles in Ihrem Leben auf Sie zukommt, viel wichtiger ist Ihre Reaktion darauf! Und an Ihrer Reaktion, Ihren Verhaltensweisen in „brenzligen" Situationen können Sie arbeiten.

Beispiel: Ein Liebespaar ist beim intimen Austausch von Zärtlichkeiten. Beide sind bei der „Sache". Plötzlich sagt einer von beiden zum anderen: „Mensch, hast du Mundgeruch." - Dann treffen diese Worte wie „Torpedos" das „nackte" Unterbewußte des anderen und können bei diesem einen lebenslangen „Mundgeruch-Komplex" auslösen. In diesem *„Moment of Excellence"* ist es ganz wichtig, daß sich der Betroffene nicht schockiert zurückzieht, sondern unbedingt *sofort* wenigstens zu sich selbst sagt: „Mit mir ist alles in Ordnung."
Anderes Beispiel: Sie sind zu „Tode" erschrocken, weil Sie soeben mit viel zu hoher Geschwindigkeit in eine Radarfalle gefahren sind und es „blitz" gemacht hat.
Diese *Erschrockenheit* ist ebenso ein treffsicherer „Moment of Excellence", um geschwind die Gunst der Sekunde auszunutzen und nachhaltig innere kontraproduktive Einstellungen zu korrigieren und somit allmählich in die Mitte des Lebens zu kommen.
Also noch mal: Es hat geblitzt, und diesmal fangen Sie nicht das Fluchen an, und diesmal versuchen Sie nicht, Ihre „ganz normale" Fahrweise *krampfhaft* vor sich selbst zu rechtfertigen und

allen anderen die Schuld für diese „Ungerechtigkeit" und „Hinterhältigkeit" zu geben.

Sondern diesmal, auch wenn es für den ersten Moment vielleicht ein wenig bitter ist, sagen Sie zu sich selbst: „Bingo, ich wurde geblitzt. Ich wurde geblitzt, weil ich zu schnell gefahren bin. Ich übernehme die volle *Verantwortung* dafür und werde mich ab sofort an die „Spielregeln" halten. Wozu eigentlich auch immer die Raserei?"

Auch wenn das auf den ersten Blick wie „Eigenhohn" erscheinen könnte, werden Sie mit dieser sich nach innen manifestierenden Einstellung ein wesentlich zufriedeneres und gelasseneres Leben führen. Ihr Charakterbild wird ausgeglichener und toleranter, was auch gerade in gehobeneren beruflichen Stellungen „Gold" wert ist.

Innere Gelassenheit, Eigenverantwortung und Toleranz heben den „Charismatiker" von der „grauen Masse" ab.

Noch ein Beispiel: Zwei Menschen streiten sich heftig um irgend etwas. Angenommen Sie sind einer von den beiden Hitzköpfen. Bevor Sie sich weiter gegenseitig beleidigen oder sogar aufeinander losgehen, stoppen (schocken) Sie Ihr Gegenüber doch mit der Frage, „ob sich der Streit wegen solch einer Kleinigkeit wirklich lohnt", und verzichten halt mal freiwillig auf „Ihr Recht". Das Zauberwort heißt auch hier „*Gelassenheit*".

Diese Gelassenheit wird sich immer tiefer in Ihr Unterbewußtes eingraben, und Sie können mit Recht von innen heraus behaupten: „Der Klügere (ist gleich Sie) gibt nach."

Innere Gelassenheit ist **Überlegenheit.**

Nutzen Sie solche und ähnliche Momente zu Ihren Gunsten. - Es sind nahezu prädestinierte *Augenblicke*, um bessere Denkmuster tiefenwirksam in Ihrem Unterbewußten zu etablieren!

Denken Sie immer: *Es gibt keine Probleme, es gibt nur* **Herausforderungen.**

Zur Abrundung

„Viele Wege führen nach Rom", hört man öfter. Und das stimmt auch. Wer behauptet, er gehe *den* einzig wahren Weg, der urteilt sehr subjektiv. Ich denke schon, daß es auch gerade dann, wenn es um die Steigerung des körperlichen Wohlbefindens geht, die verschiedensten sinnvollen Anwendungen gibt. Wenn man nun diese miteinander kombiniert (Synergieeffekt), dann können ungeahnte Energien freigesetzt werden. Das Ganze funktioniert in etwa so:

Der Mensch besteht aus Milliarden von Einzelzellen. Diese Einzelzellen sind entsprechend ihrer funktionellen Spezialisierung geschaltet, so daß ein „ganzer Kerl" daraus wird.

Hier gilt folgendes Sprichwort: „Ein Ganzes ist mehr als nur die Summe der Einzelteile."

Damit aber ein „Ganzes" daraus wird, muß es irgend etwas geben, was alle Einzelteile „zusammenkleistert".

Schon Goethe suchte nach „dem Stoff, der die Welt im Innersten zusammenhält".

Die Antwort dürfte etwa so aussehen: Der Stoff heißt **Lebensenergie** (oder, da ich gerne kreiere, nennen wir ihn heute mal eben „Energeist".)

In jedem Menschen brennt sozusagen von seiner Entstehung an ein kleiner „göttlicher Funke" vom „großen Feuer", einem anderen Begriff für die Lebensenergie.

Kurzum, es ist diese Lebensenergie, die alle Einzelzellen durchtränkt, zusammenhält und deren Zusammenspiel steuert und lenkt.

Es gibt verschiedene Energiezentren (auch Chakren genannt) im Körper, von denen alle Zellen und Organe über feinste Bahnen energetisch versorgt werden.

Bei jungen und gesunden Menschen fließen die Energieströme so, wie es sein sollte. Unausgeglichene Lebensweisen führen zu einem „Raubbau" an der inneren Natur des Menschen. Die Folge davon, es geht mehr Lebensenergie verlustig, als empfangen und aufgebaut wird. Weiterhin kommt es auch zu sogenannten

Energieblockaden, das heißt, die feinen Bahnen zwischen den Energiezentren werden abgeschnitten.

Kein Grund zur „Panik". Sie können jederzeit und in jeder Lebenssituation und -lage etwas für sich tun. Wichtig dabei ist, daß Sie mit einer *ehrlichen* Bestandsaufnahme Ihres „Lebenswandels" anfangen und auch mal auf sich schauen.

Denken Sie mal darüber nach, was Sie sich vielleicht manchmal selbst antun! Unausgewogene Ernährung, einseitige Belastungen, zuwenig Schlaf, negative Lebenssicht und so weiter, das alles führt zu einem immer niedrigeren Energiestand und folglich zu einer immer langsamer werdenden Zellteilung.

Die Zellteilung ist der biologische Erneuerungsmechanismus Ihres Körpers.

Wenn sich nun die Zellen immer langsamer teilen und somit das Zellpotential immer älter wird, dann kommt es zu vorzeitigen Alterungsprozessen mit all ihren unangenehmen Folgen. Die Jugend geht dahin, die Ausstrahlung schwindet, und täglich kommen ein paar Schmerzen mehr dazu.

Tolle Aussichten! Und es wird uns allen ja auch ständig so vorgelebt. „Man wird halt mit jedem Tag älter", heißt es doch immer so schön.

Ist es mir gelungen, Sie ein wenig aufzurütteln? Können Sie sich vorstellen, daß vieles mit etwas „Einsicht" und auch Mut anders ginge? Wenn das so ist, dann halten Sie Ihre Augen auf und versuchen auch mal hinter die Dinge und hinter die Fassaden zu sehen. Sehen bedeutet in dem Sinn mehr als „Schauen". Verstehen Sie?

Aber auch wenn Sie momentan aus den verschiedensten Gründen meinen, Sie können nun so rein gar nichts ändern, möchte ich Sie wissen lassen, daß Sie dennoch ohne großen Aufwand Ihren Energiestand erhöhen und die Blockaden lösen können. Es gibt unzählige, gut wirksame Methoden dafür, die aber meistens viel Zeit beanspruchen. Haben Sie die immer, die Zeit? Wahrscheinlich nicht.

Als kleines Dankeschön, daß Sie ein so aufmerksamer Leser sind, verrate ich Ihnen ein paar wirklich hochwirksame Energiestellungen, welche sogar oft blitzartige (Er)Lösung von lang aufgestauten Blockaden ermöglichen und bei regelmäßiger Anwendung Ihren Energiestand wieder anheben. Sie können also somit Ihre Zellteilung wieder beschleunigen und werden damit „effektiv" gesehen wieder jünger, wenn freilich auch das Kalendarium nicht zu stoppen ist. Und das alles ist in kürzester Zeit mit höchstem Nutzen praktikabel. Einhellige Meinung aller mir bekannten Anwender: „Ich fühle mich nicht nur unmittelbar nach den Energiestellungen, sondern auch nachhaltig entkrampft, verjüngt, gestärkter, vitaler und attraktiver..." Also, auf geht's! Probieren geht über studieren... Testen Sie mal! - Last, but not least, auch Ihrem Haarwuchs zuliebe. (Da gibt es sehr wohl Zusammenhänge!)

Das 3-Minuten- Energieprogramm

Sicher werden auch Sie die Zeit und Gelegenheit für dieses „Blitz"-Programm wenigstens einmal täglich finden.
Alle Stellungen sollten barfuß praktiziert werden.

A - Liegende Stellung
Liegen Sie entspannt auf dem Rücken, strecken Sie die Arme in einer Achse seitwärts mit den Handflächen nach oben. Die Füße sollten etwa „einen Fuß" breit voneinander entfernt sein.
Stellen Sie nun den linken Fuß oberhalb des rechten Knies auf den rechten Oberschenkel. Greifen Sie nun mit der rechten Hand Ihr gebeugtes linkes Knie, und wenden Sie gleichzeitig ihren Kopf zur linken Seite mit Blickrichtung linke Hand.
Atmen Sie in tiefen und gleichmäßigen Zügen, und lassen Sie beim Ausatmen die Beine nach rechts in Richtung Boden fallen, so weit es geht, und lassen Sie die linke Schulter weitgehend dabei am Boden.
Konzentrieren Sie sich auf Ihren Atem, und nach e t w a z e h n tiefen und gleichmäßigen Atemzügen lösen Sie die Stellung.
Dann wiederholen Sie das Ganze spiegelverkehrt mit der rechten Seite (rechter Fuß oberhalb linkes Knie usw.).

Das ganze dauert circa eine Minute und massiert angenehm die Wirbelsäule (es kann auch ein wenig knacksen) und stimuliert die Nervenbahnen. Blockaden auf körperlicher und geistiger Ebene können sich sofort lösen.

B - Sitzende Stellung

Sitzen Sie aufrecht am Boden, und spreizen Sie Ihre Beine so weit wie möglich.

Atmen Sie in tiefen und gleichmäßigen Zügen, und beugen Sie sich beim Ausatmen nach vorn, und greifen Sie Ihre großen Zehen. Bleiben Sie in dieser Position etwa z e h n Atemzüge lang.

Diese Position dauert circa dreißig Sekunden und setzt Energie in Füßen, Beinen, Becken bis rauf zum Nacken frei.

C - Aufrechte Stellung

Gehen Sie auf die Zehenspitzen, und strecken Sie geschmeidig die Arme so weit wie möglich nach oben.

Laufen Sie nun etwa zwanzig Sekunden vorwärts und rückwärts.

Das gleiche machen Sie auf den Fußballen gehend und ebenfalls mit eingerollten Zehen (mit „zur Faust" geballten Füßen).

Zur Optimierung der Bewegung balancieren Sie beim Gehen wie über einen schmalen Pfad und immer schön strecken und gleichmäßig atmen.

Dieser „Marsch" dauert etwa eine Minute und wirkt allgemein sehr stimulierend und gibt neue Elastizität.

Wie ich Sie kenne, haben Sie jetzt schon mitgerechnet und sind gespannt auf die letzte halbe Minute.

D - Wirbelnde Stellung

Machen Sie etwa d r e i „flüssige" Hock- und Strecksprünge. Gehen Sie dazu e l a s t i s c h in die Knie, und stoßen Sie sich flüssig, nach oben reckend, vom Boden ab.

Danach beginnen Sie sich in aufrechter Stellung im Uhrzeigersinn (niemals andersherum) immer schneller um die eigene Achse zu drehen. Eine (knappe) Minute lang. – Fertig.

Die letzte Stellung habe ich in Anlehnung an den 1. Tibeter (siehe Literaturverzeichnis) entwickelt.

Sie ist besonders „mächtig" und bringt sozusagen die jedem Menschen eigenen Energiezentren und -felder wieder in harmonischen Schwung und Gleichklang und wirkt sich somit extrem verjüngend auf uns aus. Die Zellteilung wird beschleunigt und somit der Körper schneller erneuert. Kleine Kinder machen diese oder ähnliche Drehbewegungen ganz von selber, rein „intuitiv" aus einem inneren Antrieb. Beobachten Sie mal!

Folgendes können Sie gegen den „Drehwurm" tun. Während des Drehens wird es einem normalerweise nicht schwindlig. Erst nach Stillstand, wenn sich Ihr Inneres weiterdreht, könnte es Ihnen ein wenig schwindlig werden. Starren Sie deshalb unmittelbar nach Stillstand auf Ihre Daumen, und bewegen Sie diese leicht entgegengesetzt.

Natürlich steht es Ihnen frei, das Programm zu verlängern, zu ergänzen, auszubauen und in einer abweichenden Abfolge zu praktizieren. Sie können x-beliebig variieren. Gerade über Yoga-Praktiken gibt es eine Menge guter Schriften. Konsultieren Sie aber immer, bevor Sie „so richtig" loslegen, Ihren Hausarzt. Überschätzen Sie sich nicht! Bedenken Sie außerdem, nicht die „Quantität", sondern einzig die „Qualität" bringt's.

Schon am Eingang des „delphischen" Tempels steht's geschrieben: *„Nichts im Übermaß"*

Einen „Energiequickie", sozusagen für unterwegs und zwischendurch, möchte ich Ihnen auch noch anbieten.

Wenn Sie mal tagsüber einen „toten" Punkt haben, dann machen Sie einfach folgendes:

Sitzen oder stehen Sie aufrecht. Atmen Sie tief und gleichmäßig. Ballen Sie beim Ausatmen die Fäuste, so fest es geht, und spannen Sie gleichzeitig Ihre Gesäßmuskeln maximal an. Lösen Sie die Anspannung beim Einatmen. Wiederholen Sie den Vorgang einige Male.

Diese oder ähnliche Isometrics wirken äußerst belebend und sorgen dazu auch noch für ein straffes Gewebe.

Ein nicht ganz uninteressanter Nebeneffekt unseres „Quickies" ist ein sich bildender Knack...

Die Hängeliege

Zum Abschluß des Sonderteils möchte ich Ihnen noch eine Geräteschaft ans Herz legen, welche auch wieder mehr mit dem Hauptthema dieses Buches zu tun hat.

Eine famose Erfindung ist die Hängeliege.

Mit diesem Gerät haben Sie die Möglichkeit, sich bis zu 180° kopfüber nach unten auszuhängen.

Damit können Sie herrlich Ihre Wirbel, Bänder und Gelenke entlasten und die gesamte Rücken- und Nackenmuskulatur entspannen.

Menschen, die viel stehen müssen, können mit diesem Gerät auch Krampfadern vorbeugen.

Soviel zu den rein medizinischen und orthopädischen Effekten.

Nebenbei wird auch Ihr Gehirn mal so richtig durchblutet und mit Nährstoffen versorgt, von denen es sonst nur „träumt".

Letzteres gilt freilich auch für Ihre Kopfhaut, und dies hat natürlich wieder einen äußerst positiven Ausschlag auf Ihr Haarwachstum. Logo?

Falls Sie sich tatsächlich mal eine Hängeliege zulegen sollten, lassen sich übrigens wunderbar die autosuggestiven Formeln und Handlungen zur Förderung Ihres Haarwuchses mit der Benutzung dieses Gerätes verbinden.

Steigen Sie mit dem vollen Bewußtsein auf die Hängeliege, daß Sie jetzt ganz was Gutes für sich und Ihre Haare tun. Achten Sie dann auf Ihren Organismus und Ihr Blut, wenn Sie sich dann in der Position „kopfunter" befinden. Spüren Sie, wie Ihr Blut unter der Kopfhaut strömt? Atmen Sie bewußt, tief und gleichmäßig. Stellen Sie sich dabei vor, wie die „durstigen" Haarwurzeln das ersehnte „Labsal" erhalten.

Und noch etwas, sozusagen für die „Philosophen" unter meinen Lesern, bei regelmäßiger und längerer Benutzung (keine Übertreibungen!!!) der Hängeliege, kann man durch die ungewöhnliche Lage zu neuen „Sichtweisen" gelangen oder auch in andere Bewußtseinszustände vordringen...

Schlußwort

„Diese Welt ist voller..."

Ein ehemaliger Kollege sagte mal zu mir, und da war ich Anfang zwanzig: „Ja, ja, Steffen, du wirst nun auch älter, und deine Haare werden auch immer dünner, es ist schon ein Jammer..." Als ich denselben Kollegen nach zwei Jahren zufällig mal wieder traf, rief der als erstes ganz erstaunt aus: „Steffen, du hast dich ja vielleicht verändert! Und deine Haare! Hast du etwa eine Haartransplantation hinter dir? Hi, hi..."
Die hatte ich natürlich nicht hinter mir, sondern ich praktizierte schon über ein Jahr die bewußte Autosuggestion nach Emil Coué und arbeitete schon einige Monate an und mit meiner Methode der autosuggestiven Selbstinvestition für prächtigen Haarwuchs.

Dieses Kompliment war damals der Auslöser weiterzumachen. Und so verfeinerte ich meine Methode und lernte viel über das Unterbewußte dazu. Es gelang mir immer besser und besser meine Vorstellungskraft zu schulen, und ich baute neue innere Einstellungen, Überzeugungen oder, wenn man so möchte, Glaubenshaltungen auf.
Es sind mittlerweile noch ein paar Jährchen vergangen, und ich habe die tollsten Veränderungen an Körper und Persönlichkeit erfahren.
Ich weiß nun und glaube, daß in j e d e m Menschen gewaltige Energien und auch entsprechend umzusetzende Systeme vorhanden sind, derer er sich nur zu bedienen braucht, um (fast) grenzenlose Veränderungen zu erlangen.
Der Körper ist sozusagen das Haus, in dem der Geist wohnt. Es ist nicht möglich, gegen seinen Körper nur für seinen Geist zu leben. Nur wer was für seinen Körper tut, der kommt auch zu einem positiven geistigen Wachstum. Das Zauberwort heißt „Eigenliebe". Es hat auch überhaupt nichts mit „Narzißmus" zu tun, lediglich damit, daß der Mensch die bewußte Regie über

sein *einzigartiges* Leben im Jetzt und Hier übernimmt und dementsprechend *lebt* und nicht von den anderen gelebt wird.

Sie haben immer die Wahlmöglichkeit, zu jedem Zeitpunkt Ihres Lebens.

In die Kreise, in die Sie sich begeben, in diesen Kreisen werden (müssen) Sie leben!

Dieser Spruch gilt auf allen Ebenen, gleichermaßen im gesellschaftlichen und privaten Bereich, genauso wie im geistigen Bereich.

Verzagen Sie nicht an der „ungerechten" Welt, weil Sie scheinbar nichts daran ändern können.

Sie können s i c h positiv verändern, und damit haben Sie auch diese Welt ein kleines Stückchen zum Schöneren verändert!

Streichen Sie endgültig die Vorstellung aus Ihrem Hirn, daß der Mensch alt und krank werden muß. Das Kalendarium geht zwar weiter, aber dennoch muß Altern nichts mit Verfall, Schmerz und Leid zu tun haben. So wie Sie sich selbst in jüngeren Jahren als älteren Menschen sehen (vorstellen), genauso werden Sie es dann auch erleben! Ihre persönlichen „Vorsehungen" und Erwartungen werden sich erfüllen, unabhängig von deren Gehalt. Deshalb sehen Sie sich also allzeit jugendlich und vital, dann sind Sie nie hilflos und verlassen. Nehmen Sie sich doch einfach diese **Freiheit,** und tauschen Sie doch *einfach* den Gedanken des Älterwerdens durch den Gedanken des Jüngerwerdens aus. Lassen Sie dieser Vorstellung freien Lauf.

Betrachten Sie Ihr Dasein als Unternehmungsreise von daheim, dann werden Sie nie vergehen...

Denken Sie immer daran, Gedanken sind Energien. Energien, die Sie als Persönlichkeit immer wieder neu definieren. Darum machen Sie es sich zur Angewohnheit, wenn schlechte Gedanken Sie überfallen, sofort einen positiven Gedanken nachzuschikken. Und den schlechten Gedanken somit zu neutralisieren. Beispielsweise fahren Sie mit Ihrem Auto, wie es sich gehört, und ein anderer Verkehrsteilnehmer bedrängt Sie oder schneidet Sie rücksichtslos und grundlos. Dann gehen Sie nicht mehr auf die

„Palme" und gefährden vielleicht Ihr Leben oder Ihre Gesundheit, denken Sie sich doch einfach: *„Dieser Mensch ist auf seine Weise in Ordnung"* und pfeifen sich einen...
Negative Gedanken und Emotionen sind Energieräuber!
Im Grunde genommen sind wohl alle Probleme und Sorgen dieser Welt auf Glaubens- oder auch Nichtglaubensfragen zurückzuführen.
Egal, welcher Religion Sie sich zugehörig fühlen, klären Sie Ihre inneren Glaubensfragen, und erkennen Sie einfach ein allumfassendes höheres Prinzip an.
Zeigen Sie Demut vor dem Leben, und behaupten Sie sich.
Lassen Sie einfach die Wunder/Ihre Wunder geschehen, und erfreuen Sie sich daran. Betreiben Sie aber keine krampfhafte „Ursachenforschung". Das lenkt Sie nur vom *Wesentlichen* ab.

Seien Sie gewiß, am Ende aller Wege steht Gott oder, wie ich es kreierte, alles ist „Energeist" oder wie, wer und was auch immer...

Eine gewonnene Wette

Es war einmal ein kleiner, aufgeweckter Lockenkopf. Der Kleine stellte gerne Fragen über Gott und die Welt, die ihm aber keiner so richtig zu beantworten wußte. Also wurde Literatur zur Passion des heranwachsenden Lockenköpfchens. Und er wuchs und wuchs und wuchs in einer allseits behüteten Familienatmosphäre auf. Die Mitglieder dieser netten Familie hatten alle „haarige" Gemeinsamkeiten.

Dem lieben Papa hatten seine zwei Söhne schon beizeiten seine Haare vom Kopf „gefressen". Seit vielen Jahren war er „stolzer" Träger eines lockigen Haarkranzes.

Die liebe Mama hatte gerade auch als Vertreterin des schönen Geschlechts schon fast zeitlebens an ihrem dünnen Haarwuchs zu knabbern. Dazu kamen bei der „Ärmsten" zeitweilig förmliche Haarausfallattacken. Letztere waren so schlimm, daß die gute Frau schon immer in ängstlicher Erwartungshaltung auf die nächste Ausfallwelle leben mußte.

Auch der liebe Bruder, der schon sieben Jahre früher diese schöne Welt betreten durfte, hatte auf seiner Schädeldecke nur noch ein paar „Widerstandskämpfer" zu melden. Wo waren Sie nur alle hin?

„Sag mir, wo die Haare sind, wo sind sie geblieben?" Das war die große innerfamiliäre „Gretchenfrage". - Hatten alle genannten Personen doch zu Kindheitszeiten schöne Haare. Das war natürlich schon ärgerlich, aber man konnte halt einfach nichts dagegen machen.

Ob es wohl dem süßen Lockenköpfchen auch so ergehen sollte?

Es begab sich, unser Lockenköpfchen war mittlerweile dabei, ein „Jüngling" zu werden, das mal wieder das „haarige Thema" zur Diskussion kam. Alle waren einstimmig der Meinung, daß der Lockenkopf auch in die „Haarstapfen" seiner Familie treten werde, denn was blieb ihm auch schon anderes übrig. Nur unser Lockenkopf war da ganz anderer Ansicht. Und somit kam es zu folgender Wette, welche natürlich, damit alles seine Richtigkeit hatte, im Familienrat „notariell" beglaubigt und samt Beweisstück (eine Haarlocke) ordnungsgemäß im Familienarchiv von der „Chefin" persönlich verwaltet wurde.

3. 12. 1984

Eine Locke von S. seinen Oberkopf.
S. ist 15 Jahre.
Mutti sagt: Mit dreißig Jahren hat S.
eine Glatze auf dem Oberkopf.
Vati sagt: S. hat mit Dreißig einen kahlen
Oberschädel.
S. behauptet: Er habe mit Dreißig noch
vollstes Haar ohne jegliche Glatzenbildung.

Unterschriften: Mutter E. K.
Vater W.K.
Sohn S.K.

Sie ahnen es, das Lockenköpfchen war niemand anders als ich selber.

Natürlich geriet die Wette mit der Zeit wieder aus dem Blickfeld. Aber irgendwo im letzten Kämmerchen des „Hinterstübchens" habe ich sie dann doch nie ganz aus dem Gedächtnis verloren.

Obwohl ich eher zu den „Feinschmeckern" gehöre, verschlang ich später aus irgendeinem inneren Antrieb packungsweise Kieselerdepulver. Auch braute ich diverse „wohlschmeckende" Kräutersuds zur inneren und äußeren Anwendung, das alles natürlich nur rein prophylaktisch, damit mir auch ja nicht die Haare ausgehen. Gebracht hat's dann leider doch nicht soviel, so daß ich mir mit Anfang Zwanzig sogar teure Haarwuchspräparate aus der Apotheke spendierte. Wieder Fehlanzeige. Sie sehen, das Thema „Haarwuchs" hat bei mir Tradition.

Als ich dann mal wieder auf Besuch bei meinen lieben Eltern war, das war so mit Dreiundzwanzig, kramte meine Mutter wieder mal in ihrer „Reliquienkiste". Das macht sie immer (auch heute noch) gerne. In dieser Kiste befindet sich neben verschiedenen Milchzähnchen, Kinderschuhchen und Haaren auch die Wette von damals.

Mit Recht triumphierend, hielt mir Mama die Wette mit folgenden Worten vor die Augen:

„Sieht ganz so aus, als würdest du nun doch deine Wette verlieren.

Aber mach dir nichts draus, mein Junge, bei deinem Vater fing es ja auch beizeiten an."

Ich machte mir natürlich schon etwas draus, hatte ich doch alles probiert und trotzdem das „Damoklesschwert" über (auf) meinem Haupt nur mit wenig Erfolg aufhalten können. Ich war kurz davor, innerlich zu resignieren! Es schien einfach nichts Wirksames zu geben.

„Doch wenn Du denkst, es geht nicht mehr, kommt von irgendwo ein Lichtlein her."

Mein Lichtlein war Emil Coué, der in Form eines Buches in mein Leben trat.

Und was soll ich noch großartig sagen, den „Rest" kennen Sie ja bereits.

Auf alle Fälle, meine Wette habe ich nun doch noch gewonnen...

Literaturhinweise

Coué, Emil: Die Selbstbemeisterung durch bewußte Autosuggestion. Schwabe & Co. AG - Verlag, Basel, Erscheinungsjahr: 1993

Kelder, Peter: Die fünf »Tibeter«. Integral, Volkar-Magnum Verlagsgesellschaft mbH, Wessobrunn, Erscheinungsjahr: 1996

Allgemeine Hinweise

Es sind zu den Themenbereichen des Buches spezielle und erweiternde Seminare in Planung.

Wenn wir Ihr Interesse geweckt haben, fordern Sie nähere Unterlagen beim Autor an.

Natürlich haben auch wir großes Interesse an Ihren Erfahrungsberichten.
Schreiben Sie an den Autor.

Beratungsstelle für Autosuggestion
steffen.koall@arcor.de

Epilog

Das himmlische Ei ist endlich ausgebrütet
Noch ist das Kükchen winzig klein
Raunt ein Wind sein Frühlingsgeheimnis wohlbehütet
Bald schon wird des Winters Ende sein

Aus ew'ger Erstarrung letztlich doch Leben entspringt
Gleichsam das Fünklein sich selbst als Feuer erhebt
Sanft, ganz sanft ein einz'ger Choral über allen erklingt
Mondän die Welt im neuen Lichte entsteht